Rainer Mayer / Peter Zimmerling

Dietrich Bonhoeffer – Mensch hinter Mauern

Dietrich Bonhoeffer – Mensch hinter Mauern

Theologie und Spiritualität in den Gefängnisjahren

Herausgegeben von
Rainer Mayer und Peter Zimmerling

BRUNNEN VERLAG GIESSEN/BASEL

ABCteam-Bücher erscheinen in folgenden Verlagen:
Aussaat-Verlag Neukirchen-Vluyn
R. Brockhaus Verlag Wuppertal
Brunnen Verlag Gießen und Basel
Christliches Verlagshaus Stuttgart
(und Evangelischer Missionsverlag)
Oncken Verlag Wuppertal und Kassel

Die Deutsche Bibliothek – CIP-Einheitsaufnahme

Dietrich Bonhoeffer – Mensch hinter Mauern :
Theologie und Spiritualität in den Gefängnisjahren ;
[dem Gründer und Leiter der Offensive Junger Christen,
Horst-Klaus Hofmann, zum 65. Geburtstag] /
hrsg. von Rainer Mayer und Peter Zimmerling. –
Giessen ; Basel : Brunnen-Verl., 1993
(ABC-Team ; 1021)
ISBN 3-7655-1021-1
NE: Mayer, Rainer [Hrsg.]; Hofmann, Horst-Klaus:
Festschrift; GT

Umschlaggestaltung: Friedhelm Grabowski
Satz: Typostudio Rücker & Schmidt, Langgöns
Herstellung: St.-Johannis-Druckerei, Lahr
ISBN 3-7655-1021-1

Dem Gründer und Leiter
der Offensive Junger Christen,
Horst-Klaus Hofmann,
zum 65. Geburtstag
in grosser Dankbarkeit
und Verehrung.

Die Herausgeber
Peter Zimmerling
Rainer Mayer

Inhalt

Vorwort

Die Idee zum vorliegenden Buch entstand während einer Theologischen Sommerwoche der Offensive Junger Christen, die im August 1992 auf Schloß Reichenberg im Odenwald stattfand. Die Anzahl der Teilnehmer zeigte: Die Faszination, die Dietrich Bonhoeffer auf junge Erwachsene ausübt – und nicht nur auf sie –, ist ungebrochen. Wie wenige andere Theologen unseres Jahrhunderts wirkt er gerade durch den Zusammenklang von Lebensgeschichte und theologischem Werk weiter.

Mit dem lange erwarteten Erscheinen der Brautbriefe Dietrich Bonhoeffers und seiner Verlobten, Maria von Wedemeyer, fällt noch einmal neues und anderes Licht auf Leben und Werk Bonhoeffers. Die Beziehung zu Maria von Wedemeyer hat ihm im Gefängnis geholfen, neue Dimensionen von Theologie und Spiritualität zu entdecken. In einem Brief der Verlobten vom 26.4.1944 heißt es: „Ich habe einen Kreidestrich um mein Bett gezogen, etwa in der Größe Deiner Zelle. Ein Tisch und ein Stuhl stehen da, so wie ich es mir vorstelle. Und wenn ich da sitze, glaube ich schon beinahe, ich wäre bei Dir." Diese Passage läßt erahnen, von welcher Intensität die Beziehung der Verlobten war, auch wenn sie sich in ihrer Verlobungszeit bis zur Hinrichtung Bonhoeffers fast ausschließlich nur im Beisein eines Dritten sprechen konnten.

Ein Glücksfall ist es, daß die Erinnerungen an den Vater der Braut unter dem Titel „In des Teufels Gasthaus. Eine preußische Familie 1918-1945" gleichzeitig mit dem vorliegenden Buch im Brendow Verlag, Moers, erscheinen. Auf diese Weise wird ein ganz neuer Einblick in Maria von Wedemeyers Familie und deren Verbindung zu Dietrich Bonhoeffer eröffnet.

Damit waren die Voraussetzungen gegeben, Bonhoeffers Theologie und Spiritualität in den Gefängnisjahren erstmals in größerem Umfang aufzuarbeiten und zu deuten.

Wilfred Harrison geht in seinem Aufsatz „Der Mensch Dietrich Bonhoeffer" an dessen ganzer Biographie entlang; der Schwerpunkt liegt jedoch auf der Darstellung der Gefängnisjahre.

Außerordentlich wertvoll sind dabei die neuen Beiträge und Hinweise, die Harrison aus vielen persönlichen Begegnungen mit Zeitzeugen Bonhoeffers zusammengetragen hat.

Peter Zimmerling stellt die „Spiritualität Bonhoeffers in den Gefängnisjahren" dar. Dazu geben gerade die Brautbriefe wichtige neue Hinweise und Einblicke. Es ist nicht länger möglich, einen „Bruch" in Bonhoeffers Theologie und Spiritualität während der Gefängnisjahre zu behaupten! Beeindruckend ist vor allem die stete Verbindung zwischen geistlicher Konzentration und großer Weltoffenheit Bonhoeffers.

Rainer Mayer schreibt über „Maria von Wedemeyer und Dietrich Bonhoeffers Verbindungen zu den Gutsbesitzer-Familien in Pommern". Damit wird der persönliche und familiäre Hintergrund der Brautbriefe erschlossen. Das oben genannte Buch mit den Erinnerungen an Marias Vater ist dabei schon berücksichtigt. Bedeutsam sind die in diesem Zusammenhang aufgezeigten Übereinstimmungen und Differenzen zwischen Berneuchener Bewegung und Bekennender Kirche. Damit sind Fragen auch an den heutigen Weg von Theologie und Kirche gestellt.

Jørgen Glenthøjs neueste Forschungsergebnisse kommen einer Sensation der biographischen Geschichtsschreibung Bonhoeffers gleich; gleichzeitig sind sie jedoch so erschütternd, daß man sie kaum zu veröffentlichen wagt. Was bisher über Bonhoeffers Todesstunde bekannt war, beruhte auf der stimmungsvollen Beschreibung eines KZ-Arztes, der sich durch Schönfärberei offenbar selbst reinwaschen wollte. Daß Bonhoeffer nicht in so frommer äußerer Gebärde gestorben ist wie bisher angenommen, tut aber seinem Glauben keinen Abbruch. Wenn die Hände auf dem Rücken gefesselt sind, kann man „innerlich beten, ohne zu knien oder die Hände zu falten" (J.L.F. Mogensen).

Ulla Brandt verlängert die Frage der „nicht-religiösen Interpretation biblischer Begriffe" unter dem Motto des Bonhoeffer-Wortes „Das Leben Jesu Christi ist auf dieser Erde noch nicht zu Ende gebracht" in den Alltag einer örtlichen Kirchengemeinde hinein. Mit seelsorgerlichen Beispielen werden die Verbindungslinien von Bonhoeffers Theologie zur heutigen Situation der Menschen gezeichnet.

Rainer Mayer schlägt in seinem zweiten Beitrag unter dem Titel: „Hat sich Bonhoeffer geirrt? Seine These von der religionslosen Zukunft und das Wiedererwachen der Religion in der Gegenwart" die Brücke von Bonhoeffers Theologie zu den Auseinandersetzungen unserer Zeit. Dabei wird die vielfach als „Rätsel" bezeichnete „religionslose Interpretation" biblischer Begriffe, die Dietrich

Bonhoeffer in den Gefängnisbriefen forderte, neu gedeutet und in ihrer theologischen, geistlichen und seelsorgerlichen Relevanz für die Verkündigung des Evangeliums heute geklärt.

Sabine Leibholz, die Zwillingsschwester Dietrich Bonhoeffers, zeigt mit ihrem Essay „Eugen Rosenstock-Huessy und Dietrich Bonhoeffer – Zwei Zeugen der Wende in unserer Zeit" interessante geistesgeschichtliche Verbindungslinien zwischen dem kraftvollen jüdischen Denker Eugen Rosenstock-Huessy und dem Widerstandskämpfer Dietrich Bonhoeffer auf.

Als Nachwort drucken wir einen Brief des niederländischen Rosenstock-Freundes Bas Leenman ab. Er ist an Horst-Klaus Hofmann, den Gründer und Leiter der Offensive Junger Christen, und dessen Frau Irmela gerichtet.

Zusammen mit diesem Beitrag sei das gesamte vorliegende Buch Horst-Klaus Hofmann mit herzlichen Grüßen und Segenswünschen zu seinem 65. Geburtstag am 20. November 1993 gewidmet!

Stuttgart und Reichelsheim i. Odw., im Sommer 1993

Die Herausgeber

Wilfred Harrison

Der Mensch Dietrich Bonhoeffer

Aus dem Englischen übersetzt
von Hans-Jürgen Hoeppke

1. Bonhoeffer als Vorbild

In seinem „Entwurf einer Arbeit“, der gegen Ende seiner Inhaftierung in Berlin entstand, schrieb Bonhoeffer:

„Sie [scil.: die neue Kirche] wird die Bedeutung des menschlichen ‚Vorbildes‘ (das in der Menschheit Jesu seinen Ursprung hat und bei Paulus so wichtig ist!) nicht unterschätzen dürfen; nicht durch Begriffe, sondern durch ‚Vorbild‘ bekommt ihr Wort Nachdruck und Kraft.“[1]

Im Oxford English Dictionary lautet eine der Definitionen für „Vorbild“ (example): „etwas ausführen, das durch Setzen oder Geben eines Beispiels nachgeahmt werden kann“. „Menschlich“ (human) wird dort schlicht definiert als „die besonderen Qualitäten eines Menschen besitzend“. Ich neige zu Shakespeares Definition des Menschen in König Lear. Dort sagt Edgar, der Mensch sei ein „armes, nacktes und gejagtes Tier“[2]. Wenn wir meinen, daß wir einigen solcher Geschöpfe nacheifern sollten, so bedeutet dies mehr, als sie schlicht zu imitieren.

Die Kirche sollte ihre Glieder zu solchem Nacheifern ermutigen; Tausende Christen sehen in Dietrich Bonhoeffer jemanden,

[1] Bonhoeffer, Dietrich: Widerstand und Ergebung. Briefe und Aufzeichnungen aus der Haft (im folgenden abgekürzt WEN), hg. v. Eberhard Bethge, München 1970, S. 416. – Unbelegte Zitate in diesem Artikel stammen aus Interviews, die der Verfasser mit den jeweils genannten Personen führte. – Eine Kurzfassung des Artikels wurde vom Autor bereits am 16. August 1985 auf einer Zusammenkunft des britischen und niederländischen Zweiges der Internationalen Bonhoeffer-Gesellschaft in der Dietrich-Bonhoeffer-Kirche in Sydenham, London vorgetragen. Der Autor dankt dem Winston Churchill Memorial Trust, der die verschiedenen Interviews möglich gemacht hat.

[2] Shakespeare, William, King Lear, 3. Akt, 4. Szene.

dem es nachzueifern gilt. Auch er war wie ein „armes, nacktes und gejagtes Tier“, als er seine Zelle in der Nacht zum 9. April 1945 verließ. Später aber wurde er von seinen Bewunderern weit über die Stufen hinaus erhoben, die ihn zum Galgen emporführten. Heute wird Bonhoeffer mit Erstaunen, Respekt, Bewunderung, ja mit Ehrfurcht betrachtet. Thomas Day schrieb über seine Theologie:

„Ebenso viele [scil. Forscher], die sich um seine Theologie bemühten, haben ebenso viele wie unterschiedliche Botschaften, oft widersprüchlich und verwirrend, aus seinem Werk herausgelesen... Bonhoeffer wurde hinter das akademische Katheder, das er verlassen hatte, zurückgezerrt, zurückgestoßen in eine Kirchenstruktur, die er abgelehnt hatte.“[3]

Clifford Green versuchte in seinem Aufsatz „Theology and Autobiography“[4] die Entwicklung von Bonhoeffers Theologie zu erhellen, indem er parallele Abschnitte seines Lebens dokumentierte. Der Niederländer van den Berk betrachtete in seinem 1974 erschienenen Buch[5] Bonhoeffers Theologie im Lichte von dessen Persönlichkeit.

Meine Absicht ist nicht so weitgehend. Ich möchte schlicht die Aufmerksamkeit auf Bonhoeffers menschliche Seite lenken, auf den Menschen, der nicht nur Theologe war und in couragierter Opposition zur Gesellschaft stand, in der er lebte, auf den Menschen, der eine Vision hatte für die heutige Gesellschaft und der nicht von vornherein in den Kokon scheinbarer Perfektion, dem einfachen Menschen nahezu unerreichbar, eingehüllt werden sollte. Eine Studie zum Menschen Bonhoeffer ist wie ein Echo des Wortes von Conrad Ferdinand Meyer: „... ich bin kein ausgeklügelt Buch. Ich bin ein Mensch in seinem Widerspruch ...“[6]

Wir sind also gefordert, unserem Versagen ins Auge zu sehen, können aber am Beispiel Bonhoeffers auch lernen, Vertrauen in unser Bemühen um Korrektur zu finden.

---

[3] Day, Thomas I., Dietrich Bonhoeffer on Christian Community and Common Sense, Edwin Meller Press 1982, S. VII.

[4] Green, Clifford: Theology and Autobiography, Aufsatz für die Internationale Bonhoeffergesellschaft.

[5] van den Berk, M.F.M., Bonhoeffer boiend en geboeid, Boom Niederlande 1974; rezensiert in: Bonhoeffer Rundbrief. Mitteilungen des Internationalen Bonhoeffer-Komitees, Nr. 12/1981.

[6] Meyer, C.F., Huttens letzte Tage, in: C.F. Meyer. Werke in vier Bänden, Bd. 1., Hg. v. G. Spiekerkötter. Zürich 1975, S. 256.

2. Quellen

Kenntnis über Bonhoeffer, die über seine Lehrtätigkeit hinausgeht, erhalten wir aus vielen Quellen, einschließlich seiner Schriften, denn ein Schriftsteller stellt sich sowohl durch Stil als durch Inhalt dar. Solche Darstellungen sind aber nur zu oft selektiv und geben nur das wieder, was der Autor zu geben bereit ist. Da der allergrößte Teil des veröffentlichten Werkes Bonhoeffers sich mit theologischen Fragen beschäftigt, sind die hier zu entnehmenden Auskünfte über den Menschen Bonhoeffer nicht umfassend genug. Wir müssen uns deshalb anderen Quellen zuwenden, hauptsächlich den Erinnerungen derer, die Bonhoeffer gekannt haben.

Paul L. Lehmann sagt zu diesem Wagnis:

„Erinnerungen – verbunden mit Achtung und Bewunderung – hüllen nur allzu leicht die Wirklichkeit in einen Glorienschein. Nach mehr als 30 Jahren [Lehmann schreibt 1966] ist es kaum möglich, den Bonhoeffer der ersten Begegnungen zu unterscheiden von dem Bonhoeffer, der eine ganze Geschichtsperiode beeinflußt hat."[7]

Wenn ich auf meine Kindheit zurückblicke, ist Weihnachten immer in Schnee gehüllt und die Sommer sind stets warm und sonnig. Gabriel Marcel, ein christlicher Philosoph und Dramatiker, läßt in einem seiner Stücke eine Figur bemerken: Es ist „allein die Erinnerung, die uns die Wahrheit zeigt, sogar die Wahrheit über uns selbst."[8] Später wird jedoch offenbar, daß diese Figur in salbungsvollen Worten einem romantischen Klischee nachhängt; sie erscheint kindlich. Auch wir, nach unseren Erinnerungen an einen Ort oder eine Person gefragt, antworten oft so, wie wir meinen, daß es von uns erwartet wird.

Eberhard Bethge beschreibt zu Beginn seiner Bonhoeffer-Biographie in einem Portrait die physischen Details des erwachsenen Mannes, die für einen Schauspieler nützlich sein könnten, um eine – freilich oberflächliche – Authentizität herzustellen:

„kräftige Gestalt ... hoher Wuchs ... runder Kopf ... Die kurze Nase ließ Stirn und Mundpartie vorherrschen ... helles Haar ... blaue Augen ... Dietrich lächelte sehr freundlich und zugewendet

---

[7] Lehmann, P.L., Vom Paradox der Nachfolge, in: Zimmermann, W.-D. (Hg.), Begegnungen mit Dietrich Bonhoeffer, München 1969[4], S. 41.

[8] Marcel, G., A Man of God, in: Three Plays, Secker & Warburg 1952, S. 68.

... Er sprach dialektlos, in der Unterhaltung auffallend schnell; beim Predigen wurde seine Sprache schwer, fast stockend ... Wurde er zornig, äußerte er das mit leiser statt lauter werdender Stimme."[9]

Eine anregende Beschreibung, die Lust macht, weiterzulesen.

Die deutsche Gemeinde in Barcelona, wo Bonhoeffer als Auslandsvikar im Alter von 22 Jahren seine erste Anstellung fand, erinnerte sich seiner als eines „schönen blonden Mannes".

Wenn ein Mensch an der Gesellschaft, mit der er sich umgibt, erkannt werden kann, dürfen wir erwarten, daß sich etwas von Bonhoeffers Persönlichkeit widerspiegelt in den Menschen, die in seinen 39 Jahren um ihn waren. In seiner Kindheit hatte er jedoch nur wenig Freunde, aber eine große Familie, so daß es ihm an Spielkameraden nicht mangelte.

3. Kindheit und Jugend

Die Familie gehörte zum gehobenen Bürgertum, begegnete weniger Gutgestellten mit Respekt, war patriotisch, kunstliebend, Wissenschaft wie Religion zugetan, kurz: kultiviert, wenn nicht gar konventionell. Doch wurden die Kinder offenbar nicht den herkömmlichen Gepflogenheiten entsprechend erzogen. Bonhoeffer hebt in seinen „Gedanken zum Tauftag" von Dietrich Wilhelm Rüdiger Bethge einige Familienprinzipien hervor:

Die „städtische Kultur der bürgerlichen Tradition, die in ihren Trägern das stolze Bewußtsein der Berufung zu höherer allgemeiner Verantwortung, zu geistiger Höchstleistung und Führerschaft und die tiefverwurzelte Verpflichtung, Hüter eines großen geschichtlichen Erbes und geistiger Überlieferung zu sein, geschaffen hat, wird Dir, noch bevor Du es begreifst, eine Art zu denken und zu handeln geben, die Du nie mehr verlieren kannst, ohne Dir untreu zu werden."[10]

Zweifellos beschreibt Bonhoeffer hier die Grundsätze seiner eigenen Erziehung.

Aber die Kinder waren keineswegs stets ernsthaft: Sie spielten viel, und Dietrich zeigte sich bei allen Spielen besonders begabt.

---

[9] Bethge, Eberhard, Dietrich Bonhoeffer. Theologe – Christ – Zeitgenosse (im folgenden abgekürzt mit „Bonhoeffer"), Berlin 1986, S. 19f.

[10] WEN, S. 321f.

Seine Schwestern heben besonders die Scharade, eine Art Silbenrätsel hervor und Dietrichs Fähigkeit, neue Spiele zu erfinden. Seine Schwägerin Emmi erinnert sich, daß es bei einem solcher Spiele um Arbeiter ging, die sich im Aufstand befanden und ihr Recht verlangten. Alle hielten Dietrich für einen sehr guten Schauspieler. War er fähig, seinen Charme als Mittel zum Zweck einzusetzen, um sein Ziel zu erreichen? Ein entfernter Cousin, der ihn als Jungen kannte, sagte von ihm: „Bei seinem Blick mußte sich jedes Herz öffnen."

Seine Schwester Susanne erzählt über den 16jährigen Dietrich, wie er erfolgreich sein schauspielerisches Talent einsetzte, um zu lügen. Eine ungefähr vierzig Jahre alte Lehrerin wohnte bei ihnen. Sie verlobte sich mit einem jungen Mann und wünschte natürlich eine andere Wohnung zu beziehen. In der Nähe wohnte eine ältere Tante der Bonhoefferkinder, die eine leerstehende Kellerwohnung besaß. Mutter Bonhoeffer fragte die Tante, ob sie die Wohnung nicht dem jungen Paar überlassen wollte, doch die Tante lehnte ab. Darauf besuchte Dietrich die Tante und erklärte ihr, es bestünde ein „offizieller Belegungsanspruch", so daß die Wohnung beschlagnahmt werden würde, falls sie leer bliebe. Prompt stimmte die Tante zu, und das Paar bekam die Wohnung. „Dietrich war kein Heiliger", sagte Susanne, „er neigte dazu, zu viel zu scherzen."

Sie spielten Soldaten, wobei Dietrich natürlich immer der kommandierende Offizier war. Sie musizierten, Dietrich am Flügel, und seine Zwillingsschwester Sabine sagte, daß er „ein sehr höflicher Begleiter" war. Doch Ursula, die ältere Schwester, meinte, daß Dietrich, als er in den Zwanzigern war, oft weit davon entfernt war, höflich zu sein. So rauchte er Zigaretten, während er sie auf dem Flügel begleitete, und stand einmal einfach auf und ging, nachdem sie sich beschwert hatte, mit Rauch im Hals nicht singen zu können.

Dietrich trat als 17jähriger Student in Tübingen dem „Igel", einer Studentenverbindung, bei. Ein Mitstudent berichtet über den Eindruck, den der junge Bonhoeffer auf ihn machte: „Dem stürmischen Temperament Dietrich Bonhoeffers und seinem sicheren Auftreten war ich in keiner Weise gewachsen."[11]

In seiner Jugend hatte Bonhoeffer nur wenige Freunde – die Familie genügte. Sein Neffe, Christoph von Dohnanyi, berichtet:

---

[11] Bethge, E., Bonhoeffer, S. 77.

„Sie waren sehr starke Persönlichkeiten. Kanntest du einen, kanntest du alle." Später wurde Dietrich oft Arroganz vorgeworfen. Doch verriet ein solcher Vorwurf nur zu oft mehr über das Unterlegenheitsgefühl des Klägers, als es über den Beklagten aussagte: nämlich Eifersucht und Neid. Im Gefängnis in Tegel genoß Bonhoeffer fast unausweichlich Privilegien, denn sein Onkel war Stadtkommandant von Berlin und besuchte seinen Neffen mehrere Male. Als dieser besondere Gefangene aus Berlin abtransportiert wurde, um in ein Konzentrationslager gebracht zu werden, bemerkte ein Gefängniswärter bitter: „Jetzt wird ein anderer Wind um seine Nase wehen."[12]

4. Studium und Vikariat

Bereits bei dem 17jährigen Theologiestudenten in Tübingen trat seine geistige Unabhängigkeit hervor. So vertraute er einer Freundin an, die seine Spielkameradin gewesen war, als sie noch Nachbarskinder waren, daß er über das geringe kirchliche Leben auf der Universität beunruhigt sei. „Damals fühlte ich, daß er in der Kirche wichtig werden würde", sagte sie. Auf die Frage, ob es irgendein Mädchen gegeben habe, das ihn anzog, antwortete sie – nun nach ihrem eigenen Verhältnis zu Bonhoeffer gefragt – nach einer langen Pause: „Wenn jemand sich verliebt und er gewinnt den Eindruck, daß diese Liebe nicht erwidert wird und einfach nicht dieselben Gefühle da sind, dann ist er enttäuscht, und es ist vorbei." Sie betonte, daß Bonhoeffer durchaus kein Heiliger war, nicht homosexuell und „in persönlichen Angelegenheiten diskret". Er habe einen guten Sinn für Humor gehabt und liebte es, bis spät in den Vormittag hinein zu schlafen. Als beide sich 1936 wiedertrafen, war sie enttäuscht, denn er hatte stark zugenommen; auch hatte das Haar begonnen, ihm auszufallen.

Ein besonderer Freund während seiner Berliner Studienzeit war der ungefähr gleichaltrige Franz Hildebrandt. „Wir waren wie Brüder", berichtet Hildebrandt. „Ich war oft bei ihm zu Hause und wurde wie ein Familienmitglied behandelt." Hildebrandt war ein ähnlich enger Freund, wie Bethge es später werden sollte, aber

[12] Aus einem Brief von Ruth Zerner an den Autor.

in ganz anderer Weise. Hildebrandt ist ein Mann von reifer Würde, ein Exeget, der seine Worte abzuwägen gewohnt ist. Doch trat er in seiner Jugend leidenschaftlich gegen die „Gleichschaltung" der Kirche durch die Nationalsozialisten ein. Bethge dagegen ist von größerer Energie und leichter reizbar, er geht aus sich heraus, manchmal stürzen seine Worte geradezu hervor, er ist großzügig und von feiner Wahrnehmung. Bonhoeffers Wesen war empfänglich für beide.

Hildebrandt und Bonhoeffer stritten sich häufig, und Hildebrandt versah sein Geschenk zur Antrittsvorlesung des Freundes mit der Aufschrift „Meinem alten Feinde". Hildebrandt verfügte nicht über ein visuelles Gedächtnis und konnte nichts zu Bonhoeffers Erscheinung sagen. Eine kurze Bemerkung über Bonhoeffers Charakter aber war auffallend: „Ich bemühe mich um seine Menschlichkeit."

Beide hatten einen ausgeprägten Sinn für Humor („Das Fehlen jeglichen Humors war einer der finstersten Grundzüge des Nazismus", sagte Hildebrandt), und als Hildebrandt Bonhoeffers Humor an einer gemeinsam erlebten Geschichte in Forest Hill illustriert, gerät er unwillkürlich in die Haltung, die man beim Nekken eines anderen einnimmt. Dort gab es im Hause eine Menge Mäuse, und eines Nachmittags, als Hildebrandt sich zu einem kurzen Mittagsschlaf hingelegt hatte, fuhr Bonhoeffer ihm sacht mit einer kurzen Schnur über das Gesicht, worauf der Schläfer alarmiert hochschreckte und Bonhoeffer aus dem Zimmer trieb.

Dietrichs Schwester Ursula berichtet, daß „er gar keine Beziehung zu Tieren" hatte (Hildebrandt liebt Katzen, kann sich aber nicht vorstellen, daß Bonhoeffer sie auch hätte mögen können). Seine Schwester Sabine betont, daß ihr Vater eine große Liebe zur Natur hatte – aus den Gefängnisbriefen haben wir mehr als genug Hinweise auf Bonhoeffers Freude an der Beobachtung von Flora und Fauna. Susi erzählt, daß Dietrich in seiner Londoner Zeit in Forest Hill einen Bernhardiner besaß, den sie ihm auszusuchen geholfen hatte. Mit großer Bestimmtheit wies er dem Hund einen Platz in der Küche an. Später schrieb er, daß der Hund nun mit ihm zu Tische sitze.

Dietrichs offensichtliche Unbekümmertheit über den Schmerz der Tiere beim Stierkampf bleibt für viele Familienmitglieder ein Rätsel. „Ich war ganz erstaunt", sagt Bonhoeffer selbst, „mit welcher Kaltblütigkeit ich der Sache begegnen konnte ... Es liegt eine gewisse Faszination darüber, die einen eine Leidenschaft dafür gewinnen läßt. Man lernt dadurch schnell, hinter Sensationalismus und Grausamkeit zu sehen."[13]

Um dies nachempfinden zu können, besuchte ich selbst einen Stierkampf in Barcelona und blieb bis zum nächsten Tag merkwürdig berührt davon, ging dann wieder in eine Arena und erlebte einen weiteren Stierkampf. Beide Male – man mag es Dummheit nennen – gingen die Stierkämpfer gleichsam an ihre Grenzen, setzten sich der Gefahr aus, forderten den Tod heraus und triumphierten schließlich dank ihres Könnens und ihrer Übung, ihrer Disziplin und ihres Mutes. Vergißt man einmal völlig die Tiere und stellt die Tolldreistheit der Matadoren nicht in Frage, kann man tatsächlich bewundernd applaudieren. Bonhoeffers Faszination und seine Nebeneinanderstellung von „wilde[r] ungehemmte[r] Kraft und blinde[r] Wut gegen disziplinierte Courage, Geistesgegenwart und Geschicklichkeit"[14] deuten auf die Verhöre hin, die ihm bevorstehen sollten.

Bonhoeffer war sportlich. Seine Nichte Barbara von Dohnanyi sagt über ihn: „Er war überhaupt nicht weltabgewandt, wie man es bei einem Geistlichen erwarten könnte; und wir Kinder mochten ihn." „Er hatte Zeit für uns", sagt ihr Bruder Christoph, „und er behandelte uns ohne Bevormundung. Sicher, er war anders als unsere anderen Onkel und Tanten, unverheiratet und deshalb verfügbarer."

Altgewordene Glieder der deutschen Gemeinde in Barcelona, die zur Zeit Bonhoeffers noch Kinder gewesen waren, bezeugen einmütig die Beliebtheit von Bonhoeffers Konfirmandenunterricht. Einer erinnert sich sehr genau, daß Bonhoeffer „lange Arme" gehabt habe, was allerdings niemand sonst bestätigen konnte. Vielleicht war das Kind damals bleibend tief von Bonhoeffers ausgeprägter Gestik beeindruckt worden, zu der er beim Predigen neigte. Eine solche Erinnerung ist vergleichbar der eines kleinen Kindes, das seine Eltern malen soll: Es entsteht oft eine große „Kartoffel" mit Augen, Nase und Mund als Gesicht. Daran sind winzige Arme und Beine zu sehen. Das Gesicht ist der bleibende Eindruck.

---

[13] Nach Manuskript übersetzt aus: Leibholz, S., The Bonhoeffers. Portrait of a Family, Sidgwick & Jackson 1971, S. 42.

[14] Bethge, E., Bonhoeffer, S. 136.

In Barcelona erfährt man, daß Bonhoeffer äußerst beliebt und seine Gottesdienste stets gut besucht waren. Die Gemeinde mochte den patriotischen Zug in seinen Predigten.

Er war nun 22 Jahre alt, stammte aus großbürgerlichen Verhältnissen und hatte den jungen Studenten, der, wie er sagte, „leichtfertig politisch uninteressiert" gewesen war, hinter sich gelassen. Der krasse Unterschied zwischen Reich und Arm sollte seiner Aufmerksamkeit nicht entgehen.

5. Dozentur, Pfarramt und Predigerseminar

Seinen Veranstaltungen als Berliner Privatdozent wurde nachgesagt, nie langweilig zu sein. Er regte seine Studenten dazu an, nach der Wahrheit zu fragen. Der vierzehn Jahre ältere Martin Niemöller, der auch Verantwortung für die Ausbildung von Studenten zum Dienst in der Kirche trug, meinte, daß es niemals irgendwelche Beschwerden über Bonhoeffer gegeben habe: „Er forderte zur Diskussion heraus, und in der Zeit des aufkommenden Nationalsozialismus war das Hinterfragen des Dogmas sehr notwendig." Tatsächlich war Bonhoeffer in seiner Familie in einer Atmosphäre der Diskussion und Debatte aufgewachsen. So gab sein Vater bei Tisch ein Thema vor, über das man während des Essens nachdachte.

Bonhoeffers Predigten lockten in Berlin allerdings keine größeren Zuhörerscharen unter seine Kanzel. Wolf-Dieter Zimmermann, ein Student Bonhoeffers, erinnert sich, nie eine Kirche wegen Bonhoeffer gefüllt gesehen zu haben. „Die normale Berliner Ortsgemeinde hat ... wenig mit seinen Worten anfangen können."[15]

Otto Dudzus berichtet über Bonhoeffer aus der Finkenwalder Zeit 1937: „Er liebte jede Art von Spielen, z.B. Kartenspiele. Er spielte gern Rommé und noch lieber Bridge. Ich lernte von ihm eines der interessantesten Spiele meines Lebens, ein Silbenrätsel, das eine Art Scharade war. Zwei Spieler mußten gegeneinander spielen, wobei jeder eine Figur aus der Geschichte, der Literatur oder

[15] Zimmermann, W.-D., Berliner Jahre, in ders. (Hg.): Begegnungen mit Dietrich Bonhoeffer, München 1969[4], S. 55.

der Gegenwart darstellte. Keiner wußte aber, wen er selbst darzustellen hatte, man wußte nur, wen der Gegner spielen mußte. So mußten wir unsere Phantasie bemühen, damit der andere seine Rolle spielen und herausfinden konnte, wer er sei. Einmal war mein Gegner Winston Churchill und ich selbst Adele Sandrock, eine berühmte deutsche Schauspielerin, aber eine schwache Persönlichkeit. Bonhoeffer spielte abwechselnd mit großem Talent jede Rolle. Er erfaßte Situationen ungewöhnlich schnell und war in diesem Sinne ein guter Schauspieler. Er besaß diese Fähigkeit gleichermaßen für humorvolle, aber auch für ernste Situationen."

„Ich muß Ihnen unbedingt erklären", fährt Dudzus fort, „wie er mit Menschen redete. Er hatte eine sehr unvoreingenommene und direkte, klare Art, Menschen anzusprechen und sie ins Gespräch zu ziehen. Dennoch schaute er sie niemals direkt an, sondern sprach zur Seite und sah auf den Boden oder die Erde. Er tat das nicht aus Gleichgültigkeit oder Zurückhaltung, sondern um seine Unvoreingenommenheit zu bewahren und sein Gegenüber nicht durch seine Aufmerksamkeit oder seinen Gesichtsausdruck zu irritieren. Das zeugte von großer Selbstkontrolle."

Bethge hat keine vergleichbare Erinnerung.

Albrecht Schönherr erinnert sich, daß Bonhoeffer in Finkenwalde „einen sehr sicheren Eindruck machte und in gewisser Weise unnahbar war. Man konnte ihn nicht einfach belanglos ansprechen und mit ihm plaudern."

„Es gab einen hochbegabten Mann in Finkenwalde", sagt Dudzus, „der Bonhoeffer ablehnte und seine Lehre nicht akzeptieren konnte. Wir beteten für ihn."

Joachim Kanitz berichtet über die Finkenwalder Zeit: „Ich geriet in finanzielle Schwierigkeiten, da mein Vater kein Geld mehr hatte. Bonhoeffer hörte davon und fragte mich danach. Er drückte mir Geld in die Hand, und ich schämte mich durchaus nicht, es zu nehmen.

Während des Krieges wollte ich meine Einberufung zur Wehrmacht verweigern, hatte aber nicht den Mut dazu, denn ich wollte nicht an die Wand gestellt und erschossen werden. Immerhin hatte ich Frau und drei Kinder. Einmal, auf Heimaturlaub, besuchte ich Bonhoeffer zu Hause und hörte mit ihm zusammen ganz glücklich die BBC. Bonhoeffer fragte mich höflich: ‚Wo haben Sie das Eiserne Kreuz bekommen?' Ich schämte mich und wollte es wegwerfen. Er machte mir aber keine Vorwürfe. Heute bin ich

Krankenhauspfarrer und erzähle den Menschen, die den Tod vor Augen haben, von Bonhoeffers Schriften aus der Zeit, als ihm der Tod vor Augen stand – durch Exekution. Die Menschen gewinnen dann, durch sein Beispiel ermutigt, Entschlossenheit und Vertrauen."

Bonhoeffer respektierte andere Menschen und deren Privatheit. Zimmermann erinnert sich, wie er mit Bonhoeffer in Berlin über den Potsdamer Platz ging: „Wir sprachen über die Predigt und dann über ihn selbst. Ich erklärte ihm, daß er oft kalt, distanziert wirke; manchmal fühle man sich zurückgestoßen oder habe den Eindruck, er wolle sich zurückziehen. Darauf Bonhoeffer, stehenbleibend und mich groß ansehend: ‚Warum können Sie eigentlich den Menschen nicht so lassen, wie er ist?'"[16]

Bonhoeffer war ein sensibler Menschenkenner. Er erkannte sofort, was man dachte und fühlte, und hielt seine Wirkung auf andere unter ständiger Selbstkontrolle. Er konnte sein Verhalten und Auftreten der Situation anpassen und so für andere eine angenehme Atmosphäre schaffen. Bei einem ehrgeizigen, zu unbedingter Selbstdarstellung neigenden Menschen kann eine solche Fähigkeit leicht auf Kosten anderer gehen, wie es z.B. in Fernsehshows geschieht, in denen Menschen zum Vergnügen anderer bloßgestellt werden. Bei Bonhoeffer jedoch paarte sich die Aufmerksamkeit für andere mit seiner christlich motivierten Sorge für sie. So konnte er stark erscheinen und zugleich trösten und ermutigen, so daß seine Selbstsicherheit anderen Sicherheit und Vertrauen zu geben vermochte. Allerdings erschien er einer Frau, die ihn gut kannte, weil er sie liebte (es handelt sich nicht um Maria von Wedemeyer), nicht als einer, der totale Selbstkontrolle über sich ausübte, sondern eher wie jemand, der versuchte, sich selbst kennenzulernen.

6. Verschwörung

Einfühlungsvermögen gegenüber anderen und gleichzeitig sich seiner selbst bewußt bleiben zu können ist eine – durchaus notwendige – Anforderung an den Schauspielerberuf, der darüber hinaus starke Disziplin des Geistes und des Körpers verlangt.

[16] ebd., S. 58.

Diese Fähigkeiten sollten Bonhoeffer während seines „Doppellebens“ in der Abwehr noch sehr dienlich sein: in einer Gesellschaft von Männern, die leidenschaftlich daran arbeiteten, Hitler zu stürzen; in einer Situation, in der er überzeugend lügen können mußte; bei der Unterscheidung von Freund und Feind. Wem konnte man eigentlich trauen? Otto John sagte: „Einen Nazi konnte man riechen.“

Ein weiterer offensichtlicher Widerspruch: Der Pazifist der 30er Jahre wurde bei den Attentatsvorbereitungen zum Mitverschwörer. Eberhard Bethge weist den Vorwurf der Inkonsequenz verärgert zurück: „Ich denke, daß er – Bonhoeffer – gesagt haben würde: ‚Natürlich bin ich in ihren Kategorien immer noch ein Pazifist, selbst indem ich tue, was ich tue (Teilnahme an einer Verschwörung), und ich nehme die Schuld dafür auf mich. Ich werde alle Konsequenzen tragen, auch einen Mißerfolg und dafür getötet zu werden.‘“[17]

Es scheint mir, daß Bethge einen wichtigen Charakterzug Bonhoeffers herausstellt: Pragmatismus. „Wir wußten“, sagt Bethge, „daß die linke Hand möglicherweise das tun mußte, was die rechte Hand nicht getan hätte.“[18] Bei einem Menschen mit wenigen oder gar keinen Prinzipien führen pragmatisch bestimmte Handlungen leicht zu Unverläßlichkeit und egoistischem Opportunismus. Bonhoeffers Pragmatismus ging aber gerade aus seinen Prinzipien hervor, so daß sein Wandel tatsächlich eine harmonische Entwicklung war, resultierend aus seiner bemerkenswerten Gabe, Dinge vorauszusehen. Diese Entwicklung war logisch, wissenschaftlich und zugleich visionär. Paul Lehmann und W.A. Visser't Hooft betonen beide diesen Charakterzug, und Otto John, der mit Bonhoeffer aktiv in die Verschwörung verwickelt war, sagt, daß der bleibende Eindruck Bonhoeffers auf ihn dessen klares Denken gewesen sei.

Um abzuschweifen: Die Verschwörer bewahrten ihren Sinn für Humor. Otto John erinnert sich an ein bestimmtes Treffen im Hause Bonhoeffer. Wie gewöhnlich kam John mit dem Fahrrad und wollte es im Keller abstellen. Als er die Tür zum Keller öffnete,

---

[17] Nach Manuskript übersetzt. Vgl. dazu: Bethge, E., Bonhoeffer Rundbrief. Mitteilungen des Internationalen Bonhoeffer-Komitees, Nr. 12/1981, S. 3-8.

[18] vgl. ebd.

der wegen der Verdunkelung nur ganz schwach beleuchtet war, sah er sich Auge in Auge mit Hitler, woraufjeder, bis auf John natürlich, in schallendes Gelächter ausbrach. Hitler entpuppte sich als Eberhard Bethge.

Otto Johns Nachkriegserlebnisse (der westdeutsche Geheimdienstchef verschwand in den Osten, wurde des Treuebruchs angeklagt und beteuerte bei seiner Rückkehr, daß er entführt worden sei) werfen ein Licht auf den psychischen Druck, unter dem die Verschwörer gestanden haben müssen. Wem kannst du trauen? Wer vertraut und glaubt dir? Wer steht zu dir, wenn du entlarvt wirst? Wer sind deine Freunde?

7. Gefangenschaft

Welche Lügen hat Bonhoeffer während der Verhöre erzählt? Wo verhielt er sich illoyal? Wie oft krähte der Hahn? Wenn vielleicht nichts sonst, so muß sicherlich Bonhoeffers beispielhafter Mut uns in unseren Problemen und Anfechtungen stärken.

Martin Niemöller hat gesagt, daß er bei seiner Inhaftierung im Jahre 1937 eine ungeheure Erleichterung empfunden habe, denn nach den aufreibenden Jahren, in denen die schwere Verantwortung zur Organisation der Bekennenden Kirche auf ihm gelegen hatte, war wenigstens diese Last nun von ihm genommen worden. In der ersten Nacht im Gefängnis schlief er fest auf dem Boden seiner Zelle. Bonhoeffer berichtet in seinen Gefängnisbriefen, daß er in seiner ersten Nacht im Gefängnis nicht habe schlafen können, weil sein Zellennachbar stundenlang laut weinte, ohne daß jemand davon Notiz genommen hätte.

Nach zehn Tagen durfte er endlich seinen Eltern schreiben und zeigt hier zwei seiner Charakteristika. Zunächst seine glaubhafte Sorge um andere („Es denkt an Euch und alle Geschwister und Freunde in Dankbarkeit und Liebe Euer Dietrich“[19]), dann seine pragmatische Haltung: „übrigens gibt es auch allerlei Gutes! ...; eine so starke innere Umstellung, wie sie eine so überraschende Verhaftung mit sich führt, die Nötigung, sich innerlich zurecht- und abzufinden mit einer völlig neuen Situation ... das empfinde

[19] Brief an die Eltern vom 14.04.1943, in: WEN, S. 32.

ich als eine wirkliche Bereicherung meiner Erfahrung ... ein gutes seelisches Dampfbad."[20]

Er schreibt ausführlich an seinen Rechtsanwalt, führt Argumente für seine Entlassung an und lügt: „Darf ich schließlich noch hinzufügen, was eigentlich keines Wortes bedarf, daß ich mich für den Fall, daß meine Tätigkeit für die Abwehr nicht mehr als wichtig angesehen würde, sofort für jeden anderen Dienst zur Verfügung stelle. Doch habe ich darüber nicht zu entscheiden."[21]

Jeder andere Dienst für die Nazis? Es wird behauptet, daß Bonhoeffer stets von seiner Freilassung überzeugt war, doch findet sich in seinen Aufzeichnungen ein Hinweis auf: „Selbstmord, nicht aus Schuldbewußtsein, sondern weil ich im Grunde schon tot bin ..."[22]

8. Bonhoeffer – ein Ästhet?

Er liest viel in dieser Zeit, nicht nur die Bibel und theologische Literatur, sondern auch historische Werke, Lyrik und Erzählungen. Die folgende Liste ist keineswegs erschöpfend: Systematik, Philosophie, Geschichte der Preußischen Akademie, Kirchengeschichte, verschiedene Artikel moderner Physiker, christliche Philanthropie, Kant, Hauffs Märchen, Goethe, Don Quichote und einige deutsche Schriftsteller des späten 19. und frühen 20. Jahrhunderts: Storm, Reuter, Fontane, Stifter.

Diese ausführliche Liste findet sich bei Theodore Gill in seinem Aufsatz „Bonhoeffer as Aesthete" zum Beweis dafür, daß Bonhoeffer mehr Ästhet als Theologe gewesen sei und daß er ein lebenslanges Eintauchen in die Künste gepflegt habe. Ein mächtiger ästhetischer Impuls ziehe sich so durch sein Leben, der, wenn überhaupt irgend etwas, gerade in dieser Zeit gewachsen sei.[23]

Gill hat sicherlich eines mit Bonhoeffer gemeinsam: die Lust an der Provokation. Das läßt seine Argumentation überzogen erscheinen, ja er verfängt sich selbst in einem Irrtum, den er vermeiden möchte: er etikettiert Bonhoeffer abwertend als einen Mann,

---

[20] WEN, S. 31.

[21] WEN, S. 85f.

[22] WEN, S. 47.

[23] Gill, Theodore, Bonhoeffer as Aesthete, Paper I der Internationalen Bonhoeffer Gesellschaft.

der nicht „voll am menschlichen Leben" teilgenommen habe, wozu er selbst aufruft – ebenso, wie es allerdings Bonhoeffer durchaus auch getan hat.

Tatsächlich sind die Gefängnisbriefe beredtes Zeugnis für Bonhoeffers weites geistiges Spektrum. Zimmermann erinnert sich an einen Vortrag Bonhoeffers über Bücher: Er „trug ... dann einen geistvollen Essay vor über Bücher im allgemeinen, über Einbände und ihre Farben, über Vorworte und Inhaltsverzeichnisse, über Bücher mit und ohne Gliederung, mit und ohne Illustration, sowie über die verschiedenen Schrifttypen. 45 Minuten lang nur geistreiche Beobachtungen über Bücher und ihre Autoren, über den richtigen und falschen Umgang mit Büchern. Gar nichts von Theologie und Philosophie, nur Ästhetik und Esprit."[24]

Bonhoeffer schrieb im Gefängnis einen ästhetischen Aufruf, der heute durch alle Kanäle unserer degenerierten Massenmedien schallen sollte: „Es geht auf der ganzen Linie um das Wiederfinden verschütteter Qualitätserlebnisse, um eine Ordnung auf Grund von Qualität. Qualität ist der stärkste Feind jeder Art von Vermassung. Gesellschaftlich bedeutet das den Verzicht auf die Jagd nach Positionen, den Bruch mit allem Starkult, ... Freude am verborgenen Leben wie den Mut zum öffentlichen Leben. Kulturell bedeutet das Qualitätserlebnis die Rückkehr von Zeitung und Radio zum Buch, von der Hast zur Muße und Stille, von der Zerstreuung zur Sammlung, von der Sensation zur Besinnung, vom Virtuosenideal zur Kunst ..."[25]

Obwohl Gill auf die Qualitäten der Kunst in der Weimarer Republik abhebt und behauptet, daß Bonhoeffer durch deren Energie angeregt worden sei, und trotz der Hinweise in Bonhoeffers Briefen auf sein Interesse an Erzählungen und Lyrik beweist das nur wenig hinsichtlich seines Geschmacks. Gerade dieses wenige aber ist dazu geeignet, weltweit Nachahmung zu finden.

Julius Rieger, der Bonhoeffer aus seiner Zeit in Forest Hill kannte, berichtet, daß Bonhoeffers liebste Unterhaltung das Kino war und daß er eine ausgesprochene Vorliebe für Kriminalfilme und Detektivgeschichten hatte. Johannes Goebel überraschte Bonhoeffer in Finkenwalde einmal am Klavier, als er nicht in seiner gewohnten Haltung spielte:

---

[24] Zimmermann, W.-D., Berliner Jahre, a.a.O., S. 57.

[25] Nach zehn Jahren. Rechenschaft an der Wende zum Jahr 1943, in: WEN, S. 22f.

„Er saß nicht gerade, sondern quer nach rechts, ein bißchen ‚hingehauen', während sonst selbst sein Sitzen etwas von seiner Willenskonzentration sichtbar machte; er saß, wie ein Klavierschüler nie hätte sitzen dürfen. Und er spielte hart, etwas zu hämmernd, auch einfach zu laut ... Ich fragte ihn alsdann, ob er auch versucht hätte oder auch versuchte, zu komponieren. Mit einem deutlichen Ton der Abwehr sagte er etwa, daß er damit aufgehört hätte, seit er Theologe geworden sei. Mir erscheint das ein typischer Wesenszug: Bonhoeffer ist ... leidenschaftlicher Prediger und Theologe gewesen. Am Instrument improvisieren ... und gar komponieren – das kann man auch nur aus und in Leidenschaft. Bonhoeffer warf diese hinweg aus seinem Leben um des Rufes willen zur größeren ‚Leidenschaft'."[26]

In seinem Portrait Bonhoeffers schreibt Bethge: „Er kaufte gute Kleiderstoffe und trug Anzüge, die dem Land und Klima angemessen schienen, in dem er lebte ..."[27] Aber guter Geschmack ist eben eine Geschmacksfrage. So hielt Bonhoeffers Verlobte, Maria von Wedemeyer, ihn für schlecht gekleidet. Nach seinem Amerikaaufenthalt bevorzugte er Hemden mit angenähtem Kragen (entgegen der in Europa noch verbreiteten Mode des losen Kragens, den man an das Hemd anknöpfte) und sagte, daß er im Zweifelsfalle nichts anderes tragen wollte. Maria von Wedemeyer hielt diese Hemden für billig, äußerte das ihm gegenüber aber nicht.

Zu seinem Sinn für Design sagt Maria von Wedemeyer: „Wir haben niemals über die Ausstattung unseres zukünftigen Hauses diskutiert. Er überlegte nur, von wem er dies oder jenes Möbelstück von diesem oder jenem Familienmitglied bekommen konnte." Und sie fährt fort: „Er war eigentlich kein Mann, mit dem man auftreten konnte, was zu der Zeit für mich wichtig war. Er verlor zusehends sein Haar und wurde dick, keine Person, mit der man prahlen konnte und sagen: ‚Das ist mein Mann'."

Über seinen literarischen Geschmack sagt sie: „Ich schickte ihm Rilkes ‚Briefe an einen jungen Poeten'. Ich hielt sie für fantastisch. Aber er hielt sie für ausgemachten Unsinn und schrieb mir das. ‚Es wäre sicher etwas anderes, wenn Rilke Dir einen Brief geschrieben hätte. Aber persönliche Briefe zu veröffentlichen halte ich für indiskret.'"

[26] Goebel, J., Als er sich ans Klavier setzte, in: Zimmermann, W.-D. (Hg.), Begegnungen mit Dietrich Bonhoeffer, München 1969⁴, S. 117.

[27] Bethge, E., Bonhoeffer, S. 19.

9. Als Verlobter

Maria von Wedemeyer-Weller blieb bei dieser Sicht und hinterlegte die Briefe, die Bonhoeffer und sie sich während der Zeit seines Tegeler Gefängnisaufenthaltes geschrieben hatten, verschlußsicher in der Bibliothek der Harvard University. Dennoch sagt beider Verlobung viel über Bonhoeffer und dessen Entwicklung seit seinen jungen Mannesjahren aus, als er, seine Zukunft vorausahnend, erklärt hatte: „Wie kann ich einer Frau die Gefahren zumuten, die mir bevorstehen?" Worauf ein Cousin meinte: „Der richtigen Frau kannst du sie zumuten." In „Gemeinsames Leben" schrieb er: „Christus steht zwischen mir und dem andern. ... Weil Christus zwischen mir und dem andern steht, darum darf ich nicht nach unmittelbarer Gemeinschaft mit ihm verlangen."[28] Aber als er sich seinem vierzigsten Geburtstag näherte, sagte er zu der zwanzig Jahre jüngeren Maria: „Unsere Ehe soll ein Ja zu Gottes Erde sein ..."[29] Und im Gefängnis schreibt er über das Hohelied Salomos: „Es ist wirklich gut, daß es in der Bibel steht, all denen gegenüber, die das Christliche in der Temperierung der Leidenschaften sehen (wo gibt es solche Temperierung überhaupt im Alten Testament?)."[30] Und im Gefängnis vergleicht er, „krank vor Liebe", Salomos Verlangen mit dem seinen.

Ein Vergleich:

Bonhoeffer: „Ich möchte den Duft deines Wesens einatmen, ihn einsaugen, in ihm bleiben, wie an einem heißen Sommertag schwere Blüten die Bienen zu Gast laden und sie berauschen; ..."[31]

Salomo: Der Feigenbaum hat Knoten gewonnen, die Weinstöcke haben Blüten gewonnen und geben ihren Geruch. Stehe auf, meine Freundin, und komm, meine Schöne, komm her! Hld 2,13

---

[28] Bonhoeffer, D., Gemeinsames Leben, München 1983[19], S. 26f.

[29] Bismarck, R.-A., Kabitz, U. (Hg.), Brautbriefe Zelle 92. Dietrich Bonhoeffer – Maria von Wedemeyer 1943 – 1945, München 1992, S. 38.

[30] WEN, S. 331.

[31] Vergangenheit, in: WEN, S. 352.

Bonhoeffers Gedicht entstand aus dem Schmerz über die Trennung heraus, während er in Tegel inhaftiert war („Du gingst, geliebtes Glück und schwer geliebter Schmerz. Wie nenn' ich dich? Not, Leben, Seligkeit …"[32]). Maria von Wedemeyer ärgerte sich über die Veröffentlichung. Sie war zunächst darüber verärgert, daß die Begegnungen mit Bonhoeffer von ihrer Großmutter arrangiert worden waren, dann aber glücklich, weil sie auf Bonhoeffers Bitten hin zustande gekommen waren.

Als sie gefragt wurde, was sie zuerst an Bonhoeffer beeindruckt hatte, antwortete sie: „Seine Energie. Das zog mich an, weil ich ein recht impulsiver Mensch war und bin; er aber hatte seine Energie unter Kontrolle. Wir lachten oft miteinander, sogar wenn ich ihn im Gefängnis besuchte. Er schrieb mir nach solch einem Besuch: ‚Selbst wenn wir zusammensitzen und viel lachen, so wissen wir doch, daß es andere Dinge gibt.'"

Während ihre Schwester als die Ältere von Dietrichs denkerischen Fähigkeiten beeindruckt war, fand Maria Dietrich als Mann anziehend: „Ich war als junges Mädchen sehr attraktiv, aber er war scheu, auch im Verhältnis zu seinem Körper. Ich habe niemals mit ihm getanzt. Einmal, auf einer Geburtstagsfeier, schlug Großmutter vor, daß die Jüngeren tanzen sollten, aber Dietrich meinte, daß die Zeiten zu ernst seien, um zu tanzen. Ich glaube nicht, daß er einen guten Tänzer abgegeben hätte."

Ihre Schwester sagt dazu: „Es gab eine Distanz zwischen beiden, die überwunden werden mußte." Ein Brief, den Bonhoeffer Maria aus dem Gefängnis schrieb, bestätigt diese Einschätzung:

„Wenn ich nach unserem Zusammensein in meine Zelle komme, dann … überwältigt mich der Gedanke, daß Du mich genommen hast. Es hätte ja soviel so begreifliche Gründe gegeben, aus denen Du hättest Nein sagen können … Als ich neulich in einer Lebensbeschreibung von L. Pasteur dessen Verlobungsgeschichte las, mußte ich lächeln und etwas an mich denken. Er schrieb an seine künftige Braut: ‚es gibt nichts an mir, was die Phantasie eines jungen Mädchens bezaubern könnte. Aber ich weiß, daß alle, die mich gut kennengelernt haben, mich geliebt haben'. Darauf nahm sie ihn. Auch ich kann auf nichts verweisen als auf eine Anzahl

[32] ebd., S. 351.

guter, treuer Freunde, die mich kennen und mir trotzdem treu geblieben sind und bleiben werden ..."[33]

In der ersten Zeit seiner Inhaftierung war es Bonhoeffer nicht erlaubt, Briefe von Maria zu bekommen. Sie führte deshalb ein Tagebuch, in dem sie ihm schrieb und ihn stets einfach „Du" anredete. Die erste Eintragung, datiert auf den 03.01.1943, ist ein Gedicht von Rainer Maria Rilke:

„Wir sind ganz angstallein
haben nur einander Halt.
Jedes Wort wird wie ein Wald
vor unserm Wandern sein.

Unser Wille ist nur der Wind,
der uns drängt und dreht,
weil wir selber die Sehnsucht sind,
die in Blüten steht."

Bonhoeffers Gedichte sind gelehrter, eher männlich:

„Groß und erhaben,
zerstörend, bezwingend,
hält Glück und Unglück,
erbeten und unerbeten,
festlichen Einzug
bei den erschütterten Menschen,
schmückt und umkleidet
die Heimgesuchten
mit Ernst und mit Weihe."[34]

„Maria war von seinen Büchern geradezu erschlagen", sagt ihre Schwester. Nichtsdestoweniger machten sie einander Komplimente. Maria gab Dietrich seinen Glauben an die Zukunft zurück und inspirierte ihn. Beide waren ausgesprochen willensstark. Bonhoeffer meinte: „Nachdem Maria Elisabeth getroffen hatte, sang sie ein starkes, kühnes Lied, das ganz und gar nicht einem

---

33 Bismarck, R.-A., Kabitz, U. (Hg.), Brautbriefe Zelle 92. Dietrich Bonhoeffer – Maria von Wedemeyer 1943 – 1945, München 1992, S. 46f.

34 Glück und Unglück, in: WEN, S. 366.

blassen, ‚netten' Mädchen entsprach." Als Maria von Wedemeyer geboren wurde, sagte ihre Mutter über sie: „Sie wird nicht wie eine herkömmliche Maria werden, keine zarte Jungfrau, wie sie in der klassischen Kunst dargestellt wird."

Nach Bonhoeffers Tod brach Marias Verbindung zu dessen Familie ab. Sie hatte sie nicht lang genug gekannt, um ganz aufgenommen zu werden. In den USA lebte sie dann ihr eigenes Leben als erfolgreiche Geschäftsfrau und gab der Öffentlichkeit keinen Einblick in ihre Beziehung zu Bonhoeffer. Erst Ende der siebziger Jahre nahm sie Kontakt zur Bonhoeffer-Gesellschaft auf. Ihre Rede zur Eröffnung des New Yorker Bonhoeffer-Archivs machte deutlich, daß der Bonhoeffer ihrer Jugend ihr allein gehören sollte. Sie redete entsprechend zurückhaltend:

„Ich bin eigentlich ziemlich ratlos und weiß nicht recht, was ich sagen soll. Sie alle haben die Schriften Bonhoeffers viel intensiver studiert und wissen viel mehr über ihn als ich. Jede Hoffnung, mit Ihnen irgendwie mithalten zu können, ging mir heute völlig verloren, als ich die immense Materialfülle gesehen habe, die Sie hier zusammengetragen haben. Ich habe gelernt, vor einem so kenntnisreichen Publikum sehr vorsichtig mit Auskünften über Bonhoeffer zu sein. Seit jemand mich fragte: ‚Sagten Sie, daß Sie mit Dietrich Bonhoeffer verlobt gewesen seien? Sie müssen sich irren. Wußten Sie nicht, daß Bonhoeffer mit Überzeugung zölibatär lebte?' Ich wußte es nicht und wurde also eines Besseren belehrt. Um ehrlich zu sein: ich habe es stets als viel einfacher empfunden, den Erwartungen Bonhoeffers gerecht zu werden als denen seiner Anhänger."

Und Bonhoeffer selbst? Wer war er? „Ein Mensch in seinem Widerspruch?"[35] Er selbst hat diese Frage gestellt.

„Wer bin ich? Sie sagen mir oft,
ich träte aus meiner Zelle
gelassen und heiter und fest
wie ein Gutsherr aus seinem Schloß.

Wer bin ich? Sie sagen mir oft,
ich spräche mit meinen Bewachern
frei und freundlich und klar,
als hätte ich zu gebieten.

---

[35] Vgl. oben Anm. 6.

Wer bin ich? Sie sagen mir auch,
ich trüge die Tage des Unglücks
gleichmütig, lächelnd und stolz,
wie einer, der Siegen gewohnt ist.

Bin ich das wirklich, was andere von mir sagen?
Oder bin ich nur das, was ich selbst von mir weiß?
Unruhig, sehnsüchtig, krank, wie ein Vogel im Käfig,
ringend nach Lebensatem, als würgte mir einer die Kehle,
hungernd nach Farben, nach Blumen, nach Vogelstimmen,
dürstend nach guten Worten, nach menschlicher Nähe,
zitternd vor Zorn über Willkür und kleinlichste Kränkung,
umgetrieben vom Warten auf große Dinge,
ohnmächtig bangend um Freunde in endloser Ferne,
müde und leer zum Beten, zum Denken, zum Schaffen,
matt und bereit, von allem Abschied zu nehmen?

Wer bin ich? Der oder jener?
Bin ich denn heute dieser und morgen ein andrer?
Bin ich beides zugleich? Vor Menschen ein Heuchler
und vor mir selbst ein verächtlich wehleidiger Schwächling?
Oder gleicht, was in mir noch ist, dem geschlagenen Heer,
das in Unordnung weicht vor schon gewonnenem Sieg?

Wer bin ich? Einsames Fragen treibt mit mir Spott.
Wer ich auch bin, Du kennst mich, Dein bin ich, o Gott!“ [36]

10. Die Zeit nach dem Putschversuch Juli 1944

Nach dem Scheitern des Putschversuches im Juli 1944 wurde Bonhoeffer zusammen mit anderen verdächtigt, darin verwickelt zu sein und zunächst in das Gestapogefängnis in der Prinz-Albrecht-Straße, dann in verschiedene Konzentrationslager, nach Buchenwald, Schönberg und schließlich nach Flossenbürg gebracht. Maria von Wedemeyer suchte nach ihm:

„Als ich nach Berlin kam, war er [Bonhoeffer] nicht mehr dort,

[36] Wer bin ich?, in: WEN, S. 381.

und so ging ich in die Prinz-Albrecht-Straße und fragte: ‚Können Sie mir bitte sagen, wo er ist, wo Sie ihn hingebracht haben?‘, und sie sagten mir in sehr freundlichem Ton: ‚Wir werden Ihnen das nicht sagen, und Sie werden ihn auch nicht lebend wiedersehen. Machen Sie sich also keine Sorgen darüber.‘

Ich wußte, wo es Konzentrationslager gab. Ich wußte von einem in Dachau, in Belsen und in Flossenbürg, auch wußte ich von Auschwitz, aber das war sowieso zu weit weg.

So konnte ich versuchen, ihn in den ersten drei Lagern zu finden. Es war sogar sehr wahrscheinlich, daß sie ihn in eins davon gebracht hatten. Und so sagte ich mir: ‚Warum solltest du in Berlin bleiben? Du solltest dich besser aufmachen, ihn zu suchen.‘

Ich reiste mit dem Zug. Zu jener Zeit, Anfang 1945, war es gefährlich, mit dem Zug zu fahren, egal wohin. Auf dem Weg nach Flossenbürg saß ich oben auf dem Kohlewagen; er war aber nicht in Flossenbürg. Dann fuhr ich nach Belsen. Nach dem, was mir das Wachpersonal dort gesagt hatte, war es mir ziemlich klar, daß er dort gewesen sein mußte. Keiner sagte: ‚Er war hier, ist jetzt aber verlegt worden‘, sondern sie sagten: ‚Nun ja, ich glaube, wir hatten da irgendwann einen, der so hieß ..., aber vielleicht war es auch ein anderer.‘ Solche Art Antworten bekam ich von ihnen.

Ich fuhr zurück und besuchte eine Verwandte von mir in Bayern. Damals war ich ein richtiges Wrack, ich saß nur da und heulte und brachte meine Cousine, deren Mann in Berlin auch im Gefängnis saß, ganz durcheinander. Schließlich sagte sie: ‚Es ist absolut idiotisch, von einem KZ zum nächsten zu fahren. Wir werden folgendes machen: Du schläfst dich hier erst einmal aus und dann schreiben wir einen Brief nach Dachau.‘ Ich sagte nur: ‚Schön, laß' uns einen Brief schreiben.‘ Und so schrieben wir nach Dachau: ‚Würden Sie es mich bitte wissen lassen, ob er bei Ihnen ist, so daß ich ihm dies oder jenes bringen kann.‘ Ich erhielt eine sehr förmliche, offizielle Antwort, die ich leider wohl verloren habe. Sie kennen solche Briefe: ‚Wir teilen Ihnen hiermit in Beantwortung Ihrer Frage mit, daß Dietrich Bonhoeffer nicht Gefangener unseres Konzentrationslagers ist.‘ So ging ich niemals nach Dachau.

Aber ich war ja nach Flossenbürg gefahren, noch bevor Dietrich dort war. Ich fuhr nach Belsen, nachdem er schon wieder weg war, und zwischendurch hatte man ihn ja noch nach Schönberg gebracht, was ich nicht vermutet hatte. Das war dann das Ende meiner Suche.“

Am 9. April 1945 wurde Dietrich Bonhoeffer in Flossenbürg hingerichtet. Unter den Gefangenen in Flossenbürg befand sich auch ein Cousin von Maria von Wedemeyer, Fabian von Schlabrendorff, der ebenfalls verdächtigt wurde, an den Verschwörungsplänen mitgewirkt zu haben. Er schrieb:

„In der Nacht vom 7. zum 8. April 1945 wurde ich geweckt und nach meinem Namen gefragt. Wenige Minuten später wurde ich wieder geweckt. Der Wachbeamte warf mir vor, ich hätte ihm einen falschen Namen genannt, ich sei Bonhoeffer. Als ich verneinte, verließ er mich wieder. [Offensichtlich waren die offiziellen Papiere in den Wirren kurz vor Kriegsende verloren gegangen; Anm. des Vf.] Am 10. April 1945 erzählte mir ein leicht angetrunkener Wachbeamter der SS, gestern hätten sie Leute von der Abwehr erhängen müssen. Dafür hätten diejenigen Wachbeamten, die dabei geholfen hätten, eine Verpflegungszulage von Schnaps und Blutwurst erhalten. Die Hinrichtung sei nicht auf Grund eines Gerichtsurteils erfolgt, sondern Himmler habe die Liquidation durch Erhängen auf Grund eigener Machtvollkommenheit befohlen. Als ich nach Namen fragte, nannte der Wachbeamte mir Admiral Canaris, General Oster und Bonhoeffer.“[37]

Fabian von Schlabrendorff, später ein hervorragender Vertreter der bundesrepublikanischen Justiz, erzählte mir diese Vorkommnisse, als wir in einem ausgezeichneten Restaurant miteinander aßen. Schließlich vermochte er die Tränen nicht mehr zurückzuhalten. Ich wartete, bis er sich gefangen hatte und fragte ihn dann, warum er geweint habe. Er antwortete: „Wenn ich damals darauf bestanden hätte, Dietrich Bonhoeffer zu sein, hätte man mich gehängt, nicht ihn … und er war ein guter Mann.“

---

[37] Von Schlabrendorff, F., Mit Dietrich Bonhoeffer im Gefängnis, in: Zimmermann, W.-D. (Hg.), Begegnungen mit Dietrich Bonhoeffer, München 1969[4], S. 202.

Peter Zimmerling

Die Spiritualität Bonhoeffers in den Gefängnisjahren: Beten, das Gerechte tun und auf Gottes Zeit warten

Ein Werkstattbericht

Dietrich Bonhoeffer wurde am 5. April 1943 verhaftet und in das Militärgefängnis in Berlin eingeliefert.[1] Am 9. April 1945 ist er auf Befehl Hitlers im KZ Flossenbürg auf grausamste Weise hingerichtet worden.[2] Zwischen Verhaftung und Ermordung liegen also fast genau zwei Jahre Gefängnishaft. In dieser Zeit z. T. großer psychischer Belastungen wurde Bonhoeffers Mensch- und Christsein einer außerordentlichen Bewährungsprobe ausgesetzt. Unwillkürlich drängt sich der Vergleich mit den verschiedenen Gefängnisaufenthalten des Apostels Paulus auf. Bedeutsamste Hinterlassenschaft der zwei Gefängnisjahre Bonhoeffers sind seine in „Widerstand und Ergebung"[3] veröffentlichten Briefe aus der Haft, die inzwischen zu den Klassikern religiöser Literatur gehören. Sie stellen ein im 20. Jahrhundert einzigartiges Stück Frömmigkeits- und Theologiegeschichte dar.[4] Die Gefängnissituation bewirkte eine einmalige, weil besonders intensive Verknüpfung von Theologie und Biographie. Jede theologische Aussage, aber auch jede Äußerung der gelebten Frömmigkeit mußte sich im Leben der Gefängniszelle ganz anders bewähren als in einer akademischen Studierstube. Bonhoeffer hat sich den Herausforderungen dieser Extremsituation nicht verschlossen. Im Gegenteil: Er hat sich bewußt den dadurch ausgelösten Anfragen an seine bisherige Theologie und Spiritualität gestellt. Das macht ihn gerade für Jugendliche und junge Erwachsene glaubwürdig.

---

1 Vgl. dazu ausführlich Eberhard Bethge, Dietrich Bonhoeffer. Eine Biographie: Theologe, Christ, Zeitgenosse, 4. Auflage, München 1978, 883ff, im folgenden DB. Siehe auch den Beitrag von J. Glenthøj in diesem Buch.

2 DB, 1034ff.

3 Hg. von Eberhard Bethge, Neuausgabe 1970, im folgenden WEN.

4 So zu recht Eberhard Bethge in seiner Einleitung zu WEN, 8.

ist das Ende – für mich der Beginn des Lebens."[5] Bonhoeffer ist also als Christ und Märtyrer mit der Hoffnung auf das ewige Leben gestorben. Das ist ein gewaltiges Glaubenspotential, das noch darauf wartet, entdeckt zu werden. Bonhoeffers äußerlich betrachtet traditionelle Frömmigkeitspraxis in den Gefängnisjahren und seine Aufsehen erregenden, unkonventionellen Visionen von der künftigen Gestalt des Christentums müssen darum unbedingt zusammen betrachtet werden.[6] Theologie und Spiritualität legen sich gegenseitig aus.[7] Deshalb soll in den folgenden Ausführungen schwerpunktmäßig Bonhoeffers Frömmigkeitspraxis untersucht werden.

Mit dem lange erwarteten Erscheinen der Brautbriefe Dietrich Bonhoeffers und seiner Verlobten Maria von Wedemeyer fällt noch einmal ein neues und anderes Licht auf die Gefängnisjahre Bonhoeffers. Der Briefwechsel umfaßt nahezu den gleichen Zeitraum wie der in „Widerstand und Ergebung" veröffentlichte mit seinem theologischen Gesprächspartner und engen Freund Eberhard

---

[5] DB, 1037. Vgl. den Beitrag von J. Glenthøj in diesem Buch.

[6] Aufschlußreich sind in diesem Zusammenhang die Beobachtungen des sowjetischen Gelehrten D.M. Ugrinowitsch zum Problem des „religionslosen Christentums" bei Dietrich Bonhoeffer, weil er diese Zusammengehörigkeit gerade nicht erkennen kann: „Für Bonhoeffer besteht das Wesen des Christentums nicht im Bekenntnis zu Gott, nicht im Glauben an ihn als Schöpfer der Welt, sondern in der Realisierung der Prinzipien der christlichen Ethik im Verhalten des Menschen" (in: „Fragen der Philosophie", Zeitschrift des Instituts für Philosophie der Sowjetischen Akademie der Wissenschaften, 1968, Heft 2, S. 94ff, zit. nach Albrecht Schönherr, „Bonhoeffers Satz: ‚Unser Christsein wird heute nur in zweierlei bestehen: Im Beten und Tun des Gerechten unter den Menschen' – Versuch einer Auslegung", in: Kirche für andere. Vorträge und Ansprachen im Bonhoeffer-Gedenkjahr 1970, hg. von Walter Papst, Berlin 1971, 19-37). Andererseits hält Ugrinowitsch, so Schönherr, die Ansichten Bonhoeffers für durch und durch widersprüchlich, weil er die Rettung der Welt im Christentum sehe und eben doch wieder den christlichen Kult, besonders das Gebet, betone. „Der Widerspruch muß für den unauflöslich bleiben, der die Wirklichkeit eines persönlichen Gottes nicht kennt" (Albrecht Schönherr, a.a.O., 27).

[7] Vgl. hierzu Eberhard Bethges instruktive Ausführungen zu Bonhoeffers Forderung nach Wiedereinführung der altkirchlichen Arkandisziplin als unaufgebbarem Kontrapunkt des nichtreligiösen Interpretierens: DB, 988 ff.

Bethge.[8] Die Brautbriefe sind zuerst das Dokument einer ungewöhnlichen Liebe, die über Gefängnismauern hinweg wuchs und sich bewährt hat. Daß diese Liebe zu einem „uneinnehmbaren Bollwerk" (Wolfgang Ullmann) wurde, verdankt sie nicht zuletzt dem christlichen Glauben der Verlobten. Er bildet den „cantus firmus" zu ihrer irdischen Liebe. Bonhoeffer versuchte umzusetzen, was er seinem Freund Bethge in mehreren Briefen aus Tegel für das Verhältnis zu dessen Frau nahebringen wollte.[9]

Der Anteil Maria von Wedemeyers an Bonhoeffers Entwicklung in den Gefängnisjahren blieb bisher unbekannt, darf aber nicht übersehen werden! Darum sind bei der folgenden Darstellung von Bonhoeffers Spiritualität in der Gefängniszeit auch die Brautbriefe mit zu berücksichtigen.

1. „… ich möchte glauben lernen."

Bonhoeffers Spiritualität in den Gefängnisjahren läßt sich mit einem einzigen Stichwort zusammenfassend charakterisieren: „glauben lernen"[10]. Was Glauben heißt, hat er erst nach der endgültigen Auflösung der Predigerseminare der Bekennenden Kirche und dem Eintritt in den Widerstand gegen Hitler erfahren: „Später erfuhr ich und erfahre es bis zur Stunde, daß man erst in der vollen Diesseitigkeit des Lebens glauben lernt. Wenn man völlig darauf verzichtet hat, aus sich selbst etwas zu machen – sei es einen Heiligen oder einen bekehrten Sünder oder einen Kirchenmann (eine sogenannte priesterliche Gestalt!), einen Gerechten oder einen Ungerechten, einen Kranken oder einen Gesunden … dann wirft man sich Gott ganz in die Arme, dann nimmt man nicht mehr die eigenen Leiden, sondern die Leiden Gottes in der Welt ernst, dann wacht man mit Christus in Gethsemane, und ich denke, das ist Glaube, …; und so wird man ein Mensch, ein Christ."[11] Vorbe-

---

[8] Brautbriefe Zelle 92: 1943 – 1945, Dietrich Bonhoeffer und Maria von Wedemeyer, hg. von Ruth-Alice von Bismarck und Ulrich Kabitz, mit einem Nachwort von Eberhard Bethge, München 1992, im folgenden Brautbriefe.

[9] WEN, 331f.

[10] WEN, 401.

[11] WEN, 401f.

dingung, um Glauben zu lernen, ist Leben in der „vollen Diesseitigkeit". Was meint Bonhoeffer damit? Es geht ihm um ein Leben „in der Fülle der Aufgaben, Fragen, Erfolge und Mißerfolge, Erfahrungen und Ratlosigkeiten". Der Glaube läßt sich nämlich nicht auf eine abgesonderte religiöse Provinz beschränken, vielmehr will er das ganze Leben umfassen. Gerade in den ganz normalen Dingen des Alltags muß der Christ sich bewähren: „... der ‚Glaube' ist etwas Ganzes, ein Lebensakt. Jesus ruft nicht zu einer neuen Religion auf, sondern zum Leben."[12]

Worin liegt das Besondere dieser Gedanken hinsichtlich des Themas? Christliche Spiritualität hat nicht das Ziel, aus dem Menschen einen Sünder, Büßer oder Heiligen zu machen[13], sondern soll zu einem ganzheitlichen Leben befreien. Der Christ darf Mensch sein: „... er darf ‚weltlich' leben, d.h. er ist befreit von den falschen religiösen Bindungen und Hemmungen."[14] „... Christsein heißt ... Menschsein, nicht einen Menschentypus, sondern einen Menschen schafft Christus in uns."[15] Bonhoeffer begründet das damit, daß Jesus selbst ein Mensch war und kein homo religiosus wie z.B. Johannes der Täufer.[16] Ziel christlicher Erkenntnis ist es darum, „sich in den Weg Jesu Christi mithineinreißen [zu] lassen"[17] und so teilzunehmen am Leiden Gottes im weltlichen Leben. Dazu soll christliche Spiritualität dem Menschen helfen. Sie darf dem Christen keine Ausflucht aus den irdischen Aufgaben und Schwierigkeiten ins Ewige eröffnen, denn „er muß das irdische Leben wie Christus (‚mein Gott, warum hast du mich verlassen?') ganz auskosten, und nur indem er das tut, ist der Gekreuzigte und Auferstandene bei ihm und ist er mit Christus gekreuzigt und auferstanden"[18].

Wie sah das Leben Jesu Christi aus? Es war ein „Für-andere-Dasein"[19]. Es stellte eine Umkehrung alles sonstigen menschlichen Seins dar. Im Glauben nimmt der Mensch teil am Leben Jesu und

---

[12] WEN, 396.
[13] Vgl. WEN, 395.
[14] A.a.O.
[15] A.a.O.
[16] WEN, 401.
[17] WEN, 395.
[18] WEN, 369.
[19] WEN, 414.

wird frei für andere. Umgekehrt kommt Gott ihm im Nächsten nahe.

Für Bonhoeffer kommt die Kraft für ein solches Leben im Glauben aus der „Zucht“ und der immer gegenwärtigen „Erkenntnis des Todes und der Auferstehung [Jesu Christi]“[20]. Beides sind Schlüsselbegriffe für seine Frömmigkeitspraxis in den Gefängnisjahren.

Was er unter Zucht versteht, hat er in seinem Gedicht „Stationen auf dem Wege zur Freiheit“[21] beschrieben:

„*Zucht*
Ziehst du aus, die Freiheit zu suchen, so lerne vor allem
Zucht der Sinne und deiner Seele, daß die Begierden
und deine Glieder dich nicht bald hierhin, bald dorthin führen.
Keusch sei dein Geist und dein Leib, gänzlich dir selbst unterworfen und gehorsam, das Ziel zu suchen, das ihm gesetzt ist.
Niemand erfährt das Geheimnis der Freiheit, es sei denn durch Zucht.“

Zucht ist also für Bonhoeffer nicht Selbstzweck, sondern Mittel zur Freiheit. Erstaunlicherweise hat er sich diese innere Freiheit im Gefängnis bewahren können.[22]

Selbst im Gewahrsam des Reichssicherheitshauptamtes in der Berliner Prinz-Albrecht-Straße erwarb er sich unter den Wachmannschaften Achtung. Nach dem Bericht des Mitgefangenen Fabian von Schlabrendorff hatte er seine Wächter bald „psychisch kaptiviert“[23].

Die beschriebene Zucht bestand in einer äußeren und inneren Ordnung, die Bonhoeffer in den Gefängnisjahren streng eingehalten hat. So stand er regelmäßig um sechs Uhr auf, turnte, um körperlich fit zu bleiben, und wusch sich kalt ab.[24] Bereits diese rein

---

[20] WEN, 401.

[21] WEN, 403.

[22] Das führte auch zu größeren äußeren Freiheiten: vgl. im einzelnen DB, 949ff.

[23] DB, 1016; vgl. auch Bonhoeffers Gedicht „Wer bin ich?“ in diesem Zusammenhang, abgedruckt in: WEN, 381.

[24] WEN, 188.

körperliche Ordnung gab seiner inneren Ordnung Halt.[25] In einem Brief an die Eltern vom 13.10.43 beschrieb er seinen weiteren Tagesablauf: „Morgens nach dem Frühstück, also ab 7 Uhr ungefähr, treibe ich Theologie, dann schreibe [ich] bis Mittag, nachmittags lese ich, dann kommt ein Kapitel aus der Weltgeschichte von Delbrück, etwas englische Grammatik, aus der ich noch allerlei lernen kann, und schließlich, je nach der Verfassung, schreibe oder lese ich wieder. Abends bin ich dann müde genug, um mich gern hinzulegen, wenn auch noch nicht zu schlafen."[26]

Aus vielen Hinweisen in den Briefen geht hervor, daß er täglich die Losungen der Herrnhuter Brüdergemeine gelesen hat.[27] Sie sind für ihn Zeichen der Gemeinschaft mit seinem Freund Eberhard Bethge.[28] Neben den Losungen gehörten die Lieder Paul Gerhardts zu seinen geistlichen Grundnahrungsmitteln.[29] Paul Gerhardts Lieder haben sich in den ersten 12 Tagen strengster Absonderung in Einzelhaft „in ungeahnter Weise" bewährt.[30] Nur mit ihrer Hilfe – „durch Aufsagen unzähliger Liederverse" – hat er die furchtbaren Gefängnis-Eindrücke beim Einschlafen ertragen können.[31] Mitten in den Gedanken über die zukünftige Gestalt des Christentums steht der Hinweis, daß auch Stunden kamen, in denen er sich „mit den unreflektierten Lebens- und Glaubensvorgängen" genügen ließ. „Dann freut man sich ganz einfach an den Losungen des Tages... und kehrt zu den schönen Paul-Gerhardt-Liedern zurück..."[32]

Losungen und Paul-Gerhardt-Lieder sind also in der Gefängniszeit von entscheidender Bedeutung. Die Lieder geben ihm Trost, indem sie ihm die Gefängniseindrücke verarbeiten helfen. Die Losungen sprechen immer wieder merkwürdig direkt in seine Situation hinein.[33]

---

[25] A.a.O.

[26] WEN, 137.

[27] WEN, 213; vgl. auch 111; 263; 401; er hat auch Gedanken zu Losungen aufgeschrieben und sie an Eberhard und Renate Bethge geschickt: WEN, 346; abgedruckt in: Dietrich Bonhoeffer, Gesammelte Schriften, Bd. 4, 3. Auflage, München 1975, 588-596, im folgenden GS.

[28] WEN, 197f; 317.

[29] WEN, 32; 37; 401.

[30] WEN, 147.

[31] WEN, 181.

[32] WEN, 401.

[33] Z.B. WEN, 111.

Neben Losungen und Paul-Gerhardt-Liedern steht die Bibel. Allerdings scheint die Intensität seines Bibelstudiums unterschiedlich gewesen zu sein. In den Anfangswochen seiner Gefängniszeit, so hat man den Eindruck, las er ganz regelmäßig die Bibel.[34] Später gab es Zeiten, in denen er wenig in ihr las. Nach einiger Zeit stürzte er sich dann wieder „mit Heißhunger" auf die Bibel.[35] Auch wenn er davon überzeugt ist, daß kontinuierliche Bibellektüre zum Leben als Christ dazugehört, soll man sich von diesen Schwankungen nicht ängstigen lassen. Er neigt dazu, sie als „ganz ‚natürlichen' geistigen Vorgang" zu nehmen: „... gewiß ist die Gefahr einer Verschluderung immer da, aber man soll doch auch nicht ängstlich an diesem Punkt werden, sondern sich darauf verlassen, daß der Magnet nach einigen Ausschlägen wieder in die richtige Richtung zeigt."[36] Bonhoeffer lehnt jede Gesetzlichkeit ab. Vielmehr führen ihn äußere Erfahrungen zur Bibel zurück: „... die schweren Luftangriffe, besonders der letzte... führen mich ganz elementar zum Gebet und zur Bibel zurück."[37] Die Bibellese soll Quelle der Kraft für den Alltag sein und nicht zur spirituellen Kraftanstrengung verkommen.

Zu den Essentials geistlichen Lebens im Gefängnis gehört für Bonhoeffer auch das Sich-Bekreuzigen am Morgen und Abend: „Ich habe die Anweisung Luthers sich ‚mit dem Kreuz zu segnen' bei Morgen- und Abendgebet ganz von selbst als eine Hilfe empfunden. Es liegt darin etwas Objektives, nach dem man hier besonders Verlangen hat."[38] Zwei Beobachtungen sind für das Bekreuzigen entscheidend: Bonhoeffer hat intuitiv das Kreuzes-

---

34 Er ist froh, *nur* die Bibel zu haben (WEN, 146). Die Psalmen und die Apokalypse haben sich wie die Paul-Gerhardt-Lieder „in ungeahnter Weise bewährt" (WEN, 147). Er arbeitet täglich mit der Bibel und hat „2 1/2 mal das Alte Testament gelesen" (18.11.43, WEN, 148). Vgl. auch WEN, 32; 36; 37; 52; 121; 150.

35 „Ich gehe wieder einmal durch Wochen, in denen ich wenig in der Bibel lese ..." (19.3.44, WEN, 263).

36 WEN, 263.

37 WEN, 167.

38 WEN, 154.

zeichen für sich als Hilfe erkannt. Dieser Brauch stellt also keine religiöse Methode dar, der Bonhoeffer noch mehr als früher mißtraut. Gleichzeitig ist ihm das Kreuz zum objektiven Ausdruck für Gottes Segen geworden – unabhängig von seinen Gefühlen. In einem Brief an seine Verlobte schreibt er: „... denn das ist es, was ich brauche, was ich in Dir gefunden habe, was ich liebe – das Ganze, Ungeteilte, wonach ich Sehnsucht und Verlangen habe.“[39] Dabei empfindet er bei sich selbst schmerzlich das Auseinanderfallen von Denken und wirklichem Leben.[40] Die große Sehnsucht nach Objektivität hat neben den besonderen Herausforderungen der Gefängnissituation seine Ursache in Bonhoeffers Existenz als homo academicus.

Regelmäßig scheint er für sich allein einen Sonntagsgottesdienst gefeiert zu haben.[41] Auch wenn er manchmal Sehnsucht nach einer guten Predigt hat[42], wundert er sich doch, wie „merkwürdig wenig“ er den Gottesdienst vermißt.[43] Seit dem Frühjahr 1943 hat er keinen öffentlichen Gottesdienst mehr besucht oder selbst gehalten.[44] Erst auf ausdrücklichen Wunsch der Mitgefangenen einschließlich des Atheisten Kokorin hat Bonhoeffer direkt vor seiner Hinrichtung noch einmal eine Morgenandacht für andere gehalten.[45] Bethge vermutet, daß er den öffentlichen Gottesdienst im Gefängnis darum so wenig vermißte, weil eine solche Veranstaltung für die Mithäftlinge nicht mehr gewesen wäre als eine feierliche Abwechslung. Das „Gottesdienstliche“ sollte lieber im Arkanum bleiben.[46] Es scheint, daß Bonhoeffer auch an dieser Stelle seine Vorstellungen von der künftigen Gestalt des Christentums vorgelebt hat.

Während die Beichte im gemeinsamen Leben von Finkenwalde

---

39 Brautbriefe, 169.

40 Brautbriefe, 167ff.

41 WEN, 66; 165.

42 WEN, 136.

43 WEN, 183.

44 DB, 956.

45 DB, 1036f.

46 DB, 956. Das Arkanum ist für Bonhoeffer nach altkirchlichem Vorbild der Bereich kirchlichen Lebens, der den Ungläubigen verborgen bleiben soll.

eine wesentliche Rolle gespielt hat[47], wird sie im Gefängnis kaum beansprucht, „weil es weder subjektiv noch objektiv in erster Linie um ‚Sünde' geht".[48] Darum steht in seinen Gebeten für Mitgefangene die Bitte um Vergebung nicht im Vordergrund.

Trotzdem hat Bonhoeffer selbst eine Beichte in einem Brief an seinen Freund Eberhard Bethge abgelegt. Sie findet sich im ersten Brief ihrer geschmuggelten Korrespondenz: „Ich wollte Dir dabei immer einmal sagen, wie dankbar ich Dir bin, daß Du ... alles, womit ich Dir das Leben manchmal schwer gemacht habe, mit so viel Geduld und Nachsicht ertragen hast. Ich bitte Dich dafür um Verzeihung und weiß doch, daß wir – auch wenn nicht leiblich – so doch spiritualiter der Gabe der Beichte, Absolution und Kommunion teilhaftig geworden sind und darüber ganz froh und ruhig sein dürfen. Aber sagen wollte ich es einmal."[49] Bonhoeffers Motiv für diese Beichte ist auch hier sein Verlangen nach Glaubensvergewisserung. Er erreicht sie, indem er die Beichte auf eine objektive Ebene hebt: „Aber *sagen* wollte ich es einmal."

Schließlich spielt als äußerer Rahmen seiner Spiritualität in den Gefängnisjahren auch das Leben im Kirchenjahr eine bedeutsame Rolle. Dabei erfährt er die großen christlichen Feiertage in doppelter Weise: Einerseits erfordern sie im Gefängnis „immer einen besonderen inneren Kraftaufwand", andererseits sind sie aber „zugleich auch eine besondere Quelle der Kraft".[50] Deshalb ist er enttäuscht, als er nur ein „wunderbares Pfingstpaket", aber keinen „Pfingstbrief" von seiner Verlobten erhält.[51] Besonders die Advents- und Weihnachtszeit wird von Bonhoeffer im Gefängnis bewußt gefeiert. Äußere Dinge werden ihm zum Merkzeichen des Glaubens. Die Zelle wird zur Weihnachtsstube. Er schreibt an Maria von Wedemeyer: „Dein Adventskranz, den ich um das kleine Krippenbild an die Wand gehängt habe ... erfüllt mich mit immer neuer Dankbarkeit ... Es ist so wirklich ganz friedlich, still und adventlich bei mir in der Zelle, und die unzähligen Advents- und

---

47 Vgl. dazu Bonhoeffers Vorlesung über Seelsorge aus der Predigerseminar-Zeit, wo er die Beichte als Herz der Seelsorge bezeichnet (GS, Bd. 5, München 1972, 363ff) und den Abschnitt über die Beichte in: Dietrich Bonhoeffer, Gemeinsames Leben, 16. Auflage, München 1979, 95ff.

48 WEN, 239.

49 WEN, 148.

50 Brautbriefe, 191.

51 A.a.O.

Weihnachtslieder, die ich seit der Kindheit kenne, umgeben mich wie lauter gute Geister."[52] Ein Jahr später fand dieser Gedanke in einem Gedicht zu Weihnachten Gestalt: „Von guten Mächten treu und still umgeben ..."[53]

Gerade die besondere Situation im Gefängnis hilft Bonhoeffer zu einem tieferen Verständnis der christlichen Festtage. Die Gefängniszelle wird zum Gleichnis für die Adventssituation: „... man wartet, hofft, tut dies und jenes – letzten Endes Nebensächliches – die Tür ist verschlossen und kann nur *von außen* geöffnet werden."[54] Daß Christus ausgerechnet in einem Stall geboren wurde, beginnt neu zu sprechen: „... daß Gott sich gerade dorthin wendet, wo die Menschen sich abzuwenden pflegen, daß Christus im Stall geboren wurde, weil er sonst keinen Raum in der Herberge fand, – das begreift ein Gefangener besser als ein anderer und das ist für ihn wirklich eine frohe Botschaft, und indem er das glaubt, weiß er sich in die alle räumlichen und zeitlichen Grenzen sprengende Gemeinschaft der Christenheit hineingestellt und die Gefängnismauern verlieren ihre Bedeutung."[55] Bonhoeffer erlebt an Weihnachten, wie das Evangelium in die Gefängniswirklichkeit hineinspricht. „... wo wir nun nichts mehr zu schenken haben, strahlt das Geschenk, das Gott uns in Christus gemacht hat, umso heller; ... je dürftiger unsere Beherbergung ist, desto besser verstehen wir, daß unser Herz Christi Herberge auf Erden sein soll."[56]

Die Feiertage des Kirchenjahres werden Bonhoeffer zu Stützpunkten auf dem angefochtenen Weg des Glaubens. An Ostern denkt er darüber nach, welche Motivation sein Leben bewegt. Er empfindet dieses Fest als „eine der letzten großen Gelegenheiten", um neue Klarheit zu gewinnen. Er weiß, woher diese Klarheit allein kommt: „... von der Auferstehung Christi her kann ein neuer reinigender Wind in die gegenwärtige Welt wehen."[57] Das Osterfest ist also nicht so sehr Gelegenheit zu privater geistlicher Erbau-

---

[52] Brautbriefe, 90; vgl. ebenso die Schilderung der Weihnachtszelle an die Eltern in: WEN, 201.

[53] Brautbriefe, 209.

[54] WEN, 154; vgl. auch Brautbriefe, 83.

[55] WEN, 186.

[56] Brautbriefe, 91.

[57] WEN, 270.

ung als vielmehr Orientierungspunkt und Inspirationszentrum für die zukünftigen Aufgaben in der Welt. Bonhoeffer feiert es darum auch nicht in erster Linie als Vorgeschmack auf das ewige Leben, sondern als Kraftquelle für das irdische Leben: „Schon richtet sich unser Blick auf das Letzte, aber noch haben wir unsere Aufgaben, unsere Freuden und unsere Schmerzen auf dieser Erde und die Kraft des Lebens ist uns durch Ostern zuteil.“[58]

Die Zeit zwischen Ostern und Himmelfahrt ist Bonhoeffer besonders wichtig.[59] Sie ist für ihn Abbild des christlichen Lebens überhaupt.[60] Die Spannung zwischen Himmel und Erde ist grundlegend für ein Leben im Glauben.[61] Es zeichnet sich aus durch eine Bereitschaft „für das Letzte, für die Ewigkeit“ und ein gleichzeitiges Gegenwärtigsein „für die Aufgaben, für die Schönheiten und für die Nöte dieser Erde“.[62] Noch aus einem anderen Grund ist sie wichtig: Sie hilft, irdische Spannungen auszuhalten.[63] Sie werden nämlich durch den Blick auf eben dieses Letzte relativiert. Bonhoeffer schreibt im Hinblick auf seine Beziehung zu Maria von Wedemeyer: „Mit ausgestreckten offenen Händen wollen wir empfangen, was Gott uns schenkt und uns daran freuen aus ganzem Herzen und aus stillem Herzen wollen wir hingeben, was Gott uns noch nicht gewährt oder nimmt ...“[64] Das Leben mit dem Kirchenjahr hat für Bonhoeffer praktische Konsequenzen bis in die Gestaltung der Beziehung zu seiner Verlobten hinein.

Der Himmelfahrtstag ist „ein großer Freudentag für alle, die es glauben können, daß Christus die Welt und unser Leben regiert“.[65] Diese Erkenntnis wird für ihn zu einer regelrechten Therapie gegen das Selbstmitleid: „Solche und andere Gedanken bewahren mich immer wieder gründlich davor, die eigenen geringen Entbehrungen irgendwie wichtig zu nehmen. Das wäre sehr unge-

---

58 WEN, 277.

59 So schreibt er in einem Brief vom 10.4.44, WEN, 277, und vom 11.4.44, WEN, 296.

60 A.a.O; s. Anm. 58.

61 WEN, 296.

62 WEN, 277.

63 WEN, 296.

64 WEN, 277.

65 WEN, 63.

recht und undankbar."[66] Es ist erstaunlich, wie konkret Bonhoeffer die mit Hilfe des Kirchenjahres gewonnenen Erkenntnisse im eigenen Leben umsetzt.

Das Pfingstfest wird ihm zu einem Zeichen der Gewißheit des Glaubens in der Ungewißheit des Gefängnislebens. Das läßt sich indirekt aus den Pfingstwünschen für Eberhard und Renate Bethge entnehmen: „... ich wünsche Euch, daß Ihr ein gesegnetes Pfingsten feiert, ein Pfingsten mit Gott und mit dem Gebet, ein Pfingsten, an dem Ihr Euch vom Heiligen Geist angerührt wißt, ein Pfingsten, das für die kommenden Wochen und Monate für Euch ein rocher de bronce der Erinnerung ist. Ihr braucht Tage, an die zurückzudenken Euch ... eine Stärkung durch etwas Beständiges ist."[67]

2. Im Spannungsfeld von Gebet, Tun des Gerechten und auf Gottes Zeit warten

Am Ende der „Gedanken zum Tauftag von Dietrich Wilhelm Rüdiger Bethge" (vom Mai 1944)[68] beschreibt Bonhoeffer, worin nach seiner Auffassung Christsein in der Gegenwart nur noch bestehen kann: im Beten und Tun des Gerechten unter den Menschen. Wenig später fügt er hinzu: „... es wird Menschen geben, die beten und das Gerechte tun und auf Gottes Zeit warten."[69] Alle drei Glieder zusammen lassen ein Spannungsfeld entstehen, in dem Glaube möglich wird. Gleichzeitig balancieren sie sich so aus, daß keines das andere absorbieren kann: Das Beten bewahrt das Tun des Gerechten vor platter und banaler Diesseitigkeit der Aufgeklärten, der Betriebsamen, der Bequemen oder der Lasziven.[70] Das Tun des Gerechten bewahrt das christliche Leben vor einer Aufspaltung in zwei Räume. Der Christ ist gerade durch den Glauben, der sich im „Dasein-für-andere" konkretisiert, ganz auf das irdische

[66] A.a.O.; vgl. dazu auch die folgende spätere Aussage in einem Brief an Maria: „Vor allem wollen wir uns davor hüten, uns selbst zu bemitleiden; das wäre wirklich eine Lästerung Gottes, der es mit uns gut meint" (Brautbriefe, 96).

[67] WEN, 336f.

[68] WEN, 321ff.

[69] WEN, 328.

[70] WEN, 401.

Leben verwiesen. Das Warten auf Gottes Zeit schließlich bewahrt ihn davor, das Letzte aus den Augen zu verlieren.

Bonhoeffers eigene Spiritualität in den Gefängnisjahren ist geprägt vom Beten, vom Tun des Gerechten und vom Warten auf Gottes Zeit.

Ständig bittet er beispielsweise um Fürbitte und gewährt sie auch selbst. Er verfaßt auf Wunsch Gebete für Mitgefangene. Er leidet sehr darunter, so wenig für andere in dieser Zeit tun zu können.[71] Und doch setzt er sich fortwährend für seine Mitgefangenen ein: seelsorgerlich und praktisch-materiell.[72] Der Glaube hat ihn zum verantwortlichen Handeln in der Welt, damit auch im Gefängnis befreit.

Das Warten auf Gottes Zeit schließlich gibt ihm im Gefängnis eine Perspektive. Er bemüht sich, in seinem „Schicksal" Gottes „Führung" zu entdecken.[73] Selbst das Fragmentarische seines Lebens wird sinnvoll, wenn die verschiedenen Schwerpunkte zusammengehören und der große Kontrapunkt des Glaubens von Anfang bis zum Ende durchgehalten wird.[74]

3. Beten: Vertrauen, Dankbarkeit, Fürbitte

Voraussetzung für die besondere Rolle, die das Gebet in Bonhoeffers Spiritualität spielt, ist sein Vertrauen in Gottes Führung. Bereits nach vier Wochen Haft schreibt er: „Daß es für mich persönlich gut ist, das durchzumachen, ist mir gewiß, auch glaube ich, daß keinem Menschen mehr auferlegt wird als er Kraft empfangen kann zu tragen."[75] Hier klingt bereits ein Motiv an, das im Morgengebet für Mitgefangene wiederkehren wird: „Du wirst mir nicht mehr auferlegen, als ich tragen kann. Du läßt Deinen Kindern alle Dinge zum Besten dienen."[76] Wie ein roter Faden zieht sich durch die Briefe an Eberhard Bethge, an seine Verlobte und an die Verwandten, daß er seinen Aufenthalt im Gefängnis als Füh-

---

[71] Z.B. WEN, 126.

[72] Vgl. dazu DB, 952ff und bes. WEN, 169f.

[73] WEN, 244.

[74] WEN, 246.

[75] WEN, 40.

[76] WEN, 158.

rung Gottes sieht.[77] An Hans von Dohnanyi schreibt er am 5.4.43: „Solche Dinge kommen von Gott und ihm allein …“[78] Und noch in einem Brief an Eberhard Bethge vom 23.8.44 heißt es: „Gottes Hand und Führung ist mir so gewiß, daß ich hoffe, immer in dieser Gewißheit bewahrt zu werden.“[79]

Was auf den ersten Blick einfach klingt, erweist sich bei näherem Hinsehen als schwer erworben. Das zeigt besonders ein Weihnachtsbrief an Maria von Wedemeyer:[80] „Es wird uns die Unbegreiflichkeit dieser Schickung zu schaffen machen, wir werden von der Frage bedrängt werden, warum zu aller Dunkelheit, die sowieso schon auf den Menschen liegt, uns noch die bittere Qual dieser Trennung, die wir nicht zu verstehen vermögen, auferlegt ist.“[81] Und dann beschreibt Bonhoeffer, welche Anfechtungen ihm zu schaffen machen: „Wie schwer ist es, das innerlich zu bejahen, was sich dem Begreifen entzieht, wie groß die Gefahr, sich einem blinden Zufall ausgeliefert zu fühlen, wie unheimlich schleicht sich in solchen Zeiten Mißtrauen und Bitterkeit in unser Herz und wie leicht nimmt der kindische Gedanke von uns Besitz, als seien wir mit unserem Leben, unseren Wegen und Widerfahrnissen in den Händen von Menschen …“[82]

Er nennt drei Formen der Anfechtung: Daß man meint, einem blinden Schicksal ausgeliefert zu sein, daß man sich gegen Gott empört, indem man Mißtrauen und Bitterkeit im Herzen nährt, und daß man die irrige Vorstellung bekommt, das eigene Leben liege in den Händen von Menschen. Dann zeigt er, auf welchem Weg er mitten in diesen Anfechtungen zu neuem Vertrauen gefunden hat: „… dann kommt zu rechter Zeit die Weihnachtsbotschaft und sagt uns, daß alle unsere Gedanken verkehrt sind und daß das, was uns böse und finster erscheint, in Wahrheit gut und licht ist, weil es von Gott kommt; unsere Augen sehen nur falsch; Gott ist in der Krippe, der Reichtum in der Armut, das Licht in der Nacht,

---

77 WEN, 194; 227; 236; 301; 304; 316; 335 u.ä.

78 WEN, 43.

79 WEN, 427.

80 Brautbriefe, 95. Sehr sprechend ist auch eine Aussage Bonhoeffers aus einem Brief an Eberhard Bethge: „Es ist doch das ganze Aufgebot letzter Wahrheiten nötig, um mit sich ins Reine zu kommen, und dazu braucht man doch auch viel Zeit für sich selbst“ (WEN, 295).

81 A.a.O.

82 A.a.O.

die Hilfe in der Verlassenheit; es widerfährt uns nichts böses; was Menschen uns auch zufügen, sie müssen in allem doch nur dem Gott dienen, der sich im Verborgenen als Liebe offenbart und die Welt und unser Leben regiert."[83]

Bonhoeffer erkennt, daß das, was ihm widerfährt, von Gott kommt, und er keinem blinden Schicksal ausgeliefert ist. Ähnlich schreibt er in einem Brief an Eberhard Bethge: „Es ist zwar nicht alles, was geschieht, einfach ‚Gottes Wille'. Aber es geschieht schließlich doch nichts ‚ohne Gottes Willen' (Matth. 10,29) d.h. es gibt durch jedes Ereignis, und sei es noch so ungöttlich, hindurch einen Zugang zu Gott."[84] Bonhoeffer knüpft damit an Luthers Überzeugung an, daß Gott in allem Geschehen handelt. Seelsorgerlich tröstend schreibt er seinem Freund angesichts der schwierigen Entscheidung, ob ein Dienst als Kriegspfarrer möglich ist: „... dann werde ich ganz ruhig und glaube, daß Du in den Plänen Gottes gut aufgehoben bist. Wenn Du in Gedanken an den Krieg jetzt manchmal nur den Tod siehst, so unterschätzt Du wohl die Mannigfaltigkeit der Wege Gottes. Die Stunde des Todes ist dem Menschen bestimmt und sie wird ihn überall finden, wo sich der Mensch auch hinwendet."[85]

Auch die zweite Form der Anfechtung, Mißtrauen und Bitterkeit, überwindet er im Glauben, daß auch das scheinbar Böse und Finstere von Gott kommt und darum in Wahrheit gut und licht ist. Bereits in seinem Rechenschaftsbericht „Nach zehn Jahren", also noch vor der Verhaftung, hatte Bonhoeffer formuliert: „Ich glaube, daß Gott aus allem, auch aus dem Bösesten, Gutes entstehen lassen kann und will."[86] Nach über einem Jahr Haft schreibt er: „Ich glaube, daß mir nichts Sinnloses widerfährt und daß es für uns alle gut so ist, wenn es auch unseren Wünschen zuwiderläuft."[87] Aus solchen Zeilen spricht ein großer Glaube, der eine starke Hoffnung besitzt. Er ist weit entfernt von Resignation oder auch nur einem resignierten Sich-Abfinden. Der Glaube an Gottes gnädige Gegenwart hat Bonhoeffer befreit, um der gegenwärti-

---

[83] A.a.O.

[84] WEN, 187.

[85] WEN, 335.

[86] WEN, 20.

[87] WEN, 316.

gen Aufgabe willen eigene Wünsche immer wieder zurückzustellen.[88] Er hat erfahren, daß es erfülltes Leben trotz vieler unerfüllter Wünsche gibt.[89]

Schließlich überwindet er auch den letzten Grund der Anfechtung: Man ist deswegen nicht Menschen ausgeliefert, weil Menschen in allem, was sie einem antun, letztlich Gott dienen müssen.[90] Voraussetzung dieser Erkenntnis ist der Glaube, daß Gott im Regiment sitzt,[91] oder wie Bonhoeffer an anderer Stelle schreibt: „Alles erscheint mir zwangsläufig, notwendig, gradlinig, von höherer Führung bestimmt."[92] Darum sehnt er sich nach der Gewißheit, wirklich in Gottes Hand zu sein und nicht – angesichts der Taktik der Freunde im Prozeßverlauf – in Menschenhänden: „Dann wird alles leicht, auch die härteste Entbehrung."[93]

Im Anschluß daran wehrt Bonhoeffer ein naheliegendes Mißverständnis ab: Eine auf die dargestellte Weise erworbene Bejahung des eigenen Lebensweges ist nicht zu verwechseln mit „der stoischen Unberührtheit von allen äußeren Geschehnissen".[94] Es geht statt dessen um „ein wirkliches Erleiden und ein wirkliches Sich-freuen, weil wir wissen, daß Christus dabei ist".[95] Daß Christsein nicht mit einer „Temperierung der Leidenschaften"[96] zu verwechseln ist, klingt in den Briefen aus der Haft immer wieder an. „Auf echte Freuden und Lebensinhalte zu verzichten, um Schmerzen zu vermeiden, ist sicher nicht christlich und auch nicht menschlich."[97] Der Grund hierfür liegt letztlich in Bonhoeffers Neuentdeckung, daß Christsein auf ein ganzheitliches Menschsein hinzielt, zu dem starke Empfindungen nun einmal dazugehören.

Zwei Monate später führt Bonhoeffer die im Weihnachtsbrief an seine Verlobte entfalteten Gedanken im Gespräch mit Eberhard Bethge in theologisch-philosophischer Sprache weiter: „Ich habe

---

[88] WEN, 263.
[89] WEN, 264.
[90] Brautbriefe, 95.
[91] WEN, 417.
[92] WEN, 301.
[93] WEN, 195.
[94] A.a.O.
[95] A.a.O.
[96] WEN, 331.
[97] WEN, 214; vgl. auch WEN, 25.

mir hier oft Gedanken darüber gemacht, wo die Grenzen zwischen dem notwendigen Widerstand gegen das ‚Schicksal' und der ebenso notwendigen Ergebung liegen."[98] Er kommt zu dem Schluß, daß es Situationen gibt, in denen man dem „Schicksal" entschlossen entgegentreten muß, aber auch solche, in denen man sich ihm unterwerfen soll.

„Von ‚Führung' kann man erst *jenseits* dieses zwiefachen Vorgangs sprechen, Gott begegnet uns nicht nur als Du, sondern auch ‚vermummt' im ‚Es', und in meiner Frage geht es also im Grunde darum, wie wir in diesem ‚Es' (‚Schicksal') das ‚Du' finden ..."[99] Quintessenz seiner Überlegungen ist, daß die Grenzen zwischen Widerstand und Ergebung gerade nicht prinzipell bestimmt werden können. Je nach Situation ist beides „mit Entschlossenheit" zu ergreifen. „Der Glaube fordert dieses bewegliche lebendige Handeln."[100] Bonhoeffer entfaltet hier eigene, bereits in der „Ethik" geäußerte Gedanken angesichts seiner Gefängnissituation: Aufgrund der Versöhnung, der wiedergefundenen Einheit mit Gott, den Menschen und den Dingen, bekommt das Leben und Handeln der Menschen „etwas Selbstverständliches, Freudiges, Gewisses und Klares".[101]

Neben der Überwindung der Anfechtung auf geistliche Weise spricht Bonhoeffer gegenüber seiner Verlobten auch von psychologischen Mitteln, mit dem Kummer fertigzuwerden. Er kennt die Trägheit des menschlichen Herzens, für deren Überwindung der geistliche Weg die Grundlage bildet. „Erst muß man einen Kummer ehrlich überwunden haben, dann muß man an ihm vorbeidenken lernen und schließlich darf man ihn auch vergessen; aber die umgekehrte Reihenfolge wäre falsch und unfruchtbar."[102]

In jüngster Zeit hat man Bonhoeffers Theologie vorgeworfen, sie sei autoritär.[103] Bonhoeffer selbst habe einen „Allmachtskomplex". Er übersteigere den „Herrschaftswillen" Gottes so sehr, daß er sogar die Liebe Gottes relativiere.

---

[98] WEN, 244.

[99] A.a.O.

[100] A.a.O.

[101] Dietrich Bonhoeffer, Ethik, zusammengestellt und herausgegeben von Eberhard Bethge, 8. Auflage, München 1975, 29 im folgenden Ethik.

[102] Brautbriefe, 96.

[103] Klaus-Michael Kodalle, Dietrich Bonhoeffer. Zur Kritik seiner Theologie, Gütersloh 1992.

Gerade im Zusammenhang damit, wie Bonhoeffer seine Gefangenschaft verarbeitet, fällt immer wieder der Begriff „Unterwerfung unter Gottes Willen und Führung". Tatsächlich erscheint Bonhoeffers Auffassung höchst unmodern angesichts eines theologischen Denkens, dem in der Nachfolge von Karl Barth die lutherische Unterscheidung von Gesetz und Evangelium fremd geworden ist, eines Denkens, das nichts mehr weiß von Gottes Nein zur Eigenmächtigkeit des Menschen. Es läßt sich jedoch zeigen, daß Bonhoeffers Unterscheidung zwischen Gottes Zorn und Gottes Gnade gerade nicht auf Kosten der Liebe Gottes geschieht, sondern die Voraussetzung dafür ist, angesichts der Weltsituation begründet von Gottes Liebe sprechen zu können. Dies möchte Bonhoeffer im Blick auf das eigene Leben sagen.

„Solche Dinge kommen von Gott und ihm allein, und ich weiß mich darin mit Dir [Hans von Dohnanyi] und mit Christel eins, daß es vor Ihm nur Unterwerfung, Ausharren, Geduld – und Dankbarkeit gibt. Damit verstummt jede Frage nach dem ‚Warum', weil sie ihre Antwort gefunden hat. Wir haben bis in die letzte Zeit ... soviel Gutes miteinander erleben dürfen, daß es fast vermessen wäre, wollten wir nicht auch etwas Schweres ruhig, tapfer – und wirklich dankbar hinnehmen."[104] Hier klingt ein weiteres Motiv aus dem späteren Morgengebet für Mitgefangene an: „Lob und Dank sei Dir für alle Deine Güte und Treue in meinem vergangenen Leben. Du hast mir viel Gutes erwiesen, laß mich nun auch das Schwere aus Deiner Hand hinnehmen."[105] Die Unterwerfung unter Gottes Willen ist also keineswegs willkürlich oder unbegründet: Sie hat ihren Grund in der Dankbarkeit für die erfahrene Güte und Treue Gottes.

Ähnlich steht es in einem Brief Bonhoeffers an seine Nichte Renate Bethge, in dem die Anerkennung von Gottes Macht zunächst eine seelsorgerliche Konsequenz hat: „Es ist nun einmal nichts mit den Sorgen! ... Die Dinge liegen wirklich in einer besseren Hand als in der unseren."[106] Wichtiger ist der zweite Gedanke: „Und daß der Lehrtext [1Petr 5,6] uns auffordert, uns vorläufig noch eine Zeitlang in *blindem* Vertrauen unter die gewaltige Hand Gottes zu beugen, dann wollen wir das tun in der Hoffnung, daß die

[104] WEN, 43.
[105] WEN, 158.
[106] WEN, 236.

kommende Generation nicht nur die gewaltige, sondern auch die gütige Hand Gottes zu spüren bekommt."[107] Bonhoeffer geht von verschiedenen Weisen des Wirkens Gottes zu verschiedenen Zeiten aus: Weil er auf Gottes Güte für die kommende Generation hofft, kann er auch Gottes Zorn über der gegenwärtigen Generation erkennen und anerkennen.

Es ist der Blick auf das *kommende,* erneuernde Handeln Gottes, der ihm die Unterwerfung unter Gottes *gegenwärtiges,* zerstörendes Handeln ermöglicht: „Ich glaube, daß es nun soweit ist, daß Gott sich aufmacht, etwas zu vollbringen, was wir bei aller äußeren und inneren Beteiligung nur mit ganz großem Staunen und mit Ehrfurcht in uns aufnehmen können."[108] Im gleichen Zusammenhang erwähnt er die von ihm sehr geliebte Stelle Jer 45,5. Auch darin geht es um Gottes Wirken in Gericht und Gnade: „Und du begehrst für dich große Dinge? Begehre es nicht! Denn siehe, ich will Unheil kommen lassen über alles Fleisch, spricht der Herr, aber dein Leben sollst du wie eine Beute davonbringen, an welchen Ort du auch ziehst." Diese Stelle wird von ihm auch anderen Orts ausführlich zitiert.[108a] Voran steht folgende Aussage: „Deutlicher als in anderen Zeiten erkennen wir, daß die Welt in den zornigen und gnädigen Händen Gottes ist." Diese Aussage ist gerade in der heutigen Zeit, die vom Zorn Gottes wenig weiß, von Bedeutung.

Bonhoeffer ist sich übrigens im klaren: „... es bleibt ja immer ein neuer schwerer Weg von der Unterwerfung zum Vertrauen."[109] In Gottes unverständlicher Führung seine Liebe zu erkennen, wird ihm im Gefängnis zu *der* Herausforderung des Glaubens. „Als ich bei Max' [von Wedemeyers] Konfirmation über Markus 9,24 sprach, habe ich gesagt, es sei leicht, ‚Herr' zu sagen, aber es komme darauf an, ‚lieber Herr' sagen zu können. Das muß ich nun selbst exerzieren ..."[110] Einige Sätze später wird dieses Vertrauen in Gottes Liebe konkret: „Wie macht Gott unsere Pläne immer wieder zunichte, aber doch nur um seine besseren Pläne mit

---

107 A.a.O.

108 WEN, 304.

108a WEN, 325.

109 Brautbriefe, 169.

110 A.a.O.

uns durchzusetzen. Kannst Du das glauben? Laß es uns doch glauben, meine geliebte Maria."[111]

Aus dem Vertrauen in Gottes gnädige Führung folgen Bonhoeffers Gedanken über sein bisheriges Leben. Ein Zeugnis seines Ringens mit dieser Frage stellt das Gedicht „Vergangenheit" dar.[112] Wie sehr ihn die Frage beschäftigt, zeigt folgende Aussage: „Für mich ist diese Auseinandersetzung mit der Vergangenheit, der Versuch sie festzuhalten und wiederzugewinnen, vor allem die Furcht, sie zu verlieren, fast die tägliche Begleitmusik meines hiesigen Lebens ..."[113]

In einem Brief an Maria von Wedemeyer stellt er fest, daß man seine Vergangenheit nicht verlieren darf, da sie zum Menschen wesensmäßig dazu gehört. Bei ihrem Verlust gerät man „in Unzufriedenheit und Schwermut".[114] Dann beschreibt er, welchen Weg er selbst gefunden hat, um dem drohenden Verlust der Vergangenheit im Gefängnis zu entgehen: „Wir müssen alles Vergangene immer wieder durch das Reinigungsbad der Dankbarkeit und der Reue gehen lassen; dann gewinnen und erhalten wir uns das Vergangene. Gewiß, es ist Vergangenheit, aber es ist *meine* Vergangenheit und als solche bleibt sie gegenwärtig durch tiefe, selbstlose Dankbarkeit für Gottes Gaben und durch Reue über unser verkehrtes Wesen, durch das wir die Gaben immer wieder verderben."[115] Dankbarkeit und Reue sind demnach die beiden Mittel, um sich mit der eigenen Vergangenheit zu versöhnen. Dies ist die Voraussetzung, aus der Vergangenheit Hoffnung für Gegenwart und Zukunft zu schöpfen: „So können wir ohne Selbstquälerei an das Vergangene denken, ja aus ihm alle Kraft ziehen. Über allem Vergangenen steht Gottes Güte und Gottes Vergebung."[116]

Zur Quelle der Kraft wird die Vergangenheit z.B. deshalb, weil sie Grund zur Freude ist: „Aber die Dankbarkeit verwandelt die Qual der Erinnerung in eine stille Freude. Man trägt das vergangene Schöne nicht wie einen Stachel, sondern wie ein kostbares

---

[111] A.a.O.

[112] WEN, 351ff; Brautbriefe, 192ff. Es ist das erste Gedicht überhaupt, das er einem anderen schickt.

[113] WEN, 349.

[114] Brautbriefe, 176f.

[115] A.a.O.

[116] Brautbriefe, 177.

Geschenk in sich."[117] „Man muß sich hüten, in den Erinnerungen zu wühlen, sich ihnen auszuliefern, wie man auch ein kostbares Geschenk nicht immerfort betrachtet, sondern nur zu besonderen Stunden und es sonst nur wie einen verborgenen Schatz, dessen man sich gewiß ist, besitzt; dann geht eine dauernde Freude und Kraft von dem Vergangenen aus."[118]

Daß Bonhoeffer hierin von einer im eigenen Leben bewährten Haltung spricht, zeigt sein Verhältnis zu einer unerfüllt gebliebenen Liebe aus den Studienjahren. Nachdem er seiner Verlobten davon erzählt hat, fährt er fort: „Meine liebste Maria, das, was ich Dir geschrieben habe, darf Dir nicht weh tun ... Du darfst ja ganz gewiß sein, daß es Vergangenheit ist, aber doch eben meine Vergangenheit, d. h. ein Stück meiner Lebensgeschichte. Ich wäre nicht der, der ich bin, ohne alles das, was ich erlebt und erfahren, was ich getan und worin ich geirrt und gefehlt habe. Man soll seine eigene Vergangenheit nie verachten. ‚O felix culpa!' [= O glückselige Schuld], sagten die Alten und ich sage es mit ihnen ..."[119]

Bonhoeffers Umgang mit der eigenen Vergangenheit ist keine bloße, rein psychologisch zu verstehende Aufarbeitung. Seine Versöhnung mit der Vergangenheit ist nur unter der Voraussetzung eines persönlichen Gottes und im Gespräch mit diesem möglich. Das zeigt besonders eindrücklich der Schluß des bereits erwähnten Gedichtes „Vergangenheit", über den Bonhoeffer an seine Braut schreibt: „Die letzten 6 Zeilen sind die Hauptsache, um ihretwillen entstand das Ganze; an sie halte ich mich und Du auch!"[120]

„Ich strecke die Hände aus
und bete – –
und ich erfahre das Neue:
Vergangenes kehrt dir zurück
als deines Lebens lebendigstes Stück
durch Dank und durch Reue.
Faß' im Vergangenen Gottes Vergebung und Güte,
bete, daß Gott dich heute und morgen behüte."[121]

[117] WEN, 198.
[118] WEN, 198f.
[119] Brautbriefe, 190f.
[120] Brautbriefe, 195; ähnlich an Eberhard Bethge in: WEN, 350.
[121] Brautbriefe, 194.

Aus diesen Zeilen spricht die Wärme einer personal verstandenen und erlebten Gottesbeziehung. Die Aufarbeitung der Vergangenheit geschieht um der Gegenwart und der Zukunft willen:

> „Faß' im Vergangenen Gottes Vergebung und Güte
> bete, daß Gott dich heute und morgen behüte."

Tiefster Grund, warum Bonhoeffer sich mit der eigenen Vergangenheit und der eigenen Lebensführung versöhnen kann, ist der, daß Gott wieder aufsucht, was vergangen ist (Pred 3).[122] Er legt diese biblische Aussage so aus: „Dies letzte heißt doch wohl, daß nichts Vergangenes verloren ist, daß Gott mit uns unsere Vergangenheit, die zu uns gehört, wieder aufsucht. Wenn also die Sehnsucht nach einem Vergangenen uns überfällt ... dann können wir wissen, daß das nur eine der vielen ‚Stunden' ist, die Gott für uns noch bereit hält und dann sollen wir wohl nicht auf eigene Faust, sondern mit Gott das Vergangene wieder aufsuchen."[123]

Dann zeigt Bonhoeffer mit Hilfe des Paul-Gerhardt-Verses „Lasset fahr'n, o liebe Brüder,/was euch quält,/was euch fehlt,/Ich bring alles wieder", wie er sich dieses Aufsuchen des Vergangenen mit Gott konkret vorstellt. „Was heißt dies: ‚ich bring alles wieder'? Es geht nichts verloren, in Christus ist alles aufgehoben, aufbewahrt, allerdings in verwandelter Gestalt, durchsichtig, klar, befreit von der Qual des selbstsüchtigen Begehrens. Christus bringt dies alles wieder und zwar so, wie es von Gott ursprünglich gemeint war, ohne die Entstellung durch unsere Sünde."[124]

Bonhoeffer legt Pred 3 – von Eph 1, 10 her und über den Paul-Gerhardt-Vers – christologisch aus. Es ist Christus selbst, der die verloren geglaubten Dinge unseres Lebens wiederbringt: ein wahrhaftig „überaus tröstlicher Gedanke".[125] Jede scheinbar unerfüllt bleibende Sehnsucht erfüllt Christus doch noch: bereits in dieser Welt und endgültig in Gottes neuer Welt.[126] Die Verwechslung der Wiederbringung mit „Sublimierung" und „Vergeistigung" wehrt Bonhoeffer im gleichen Brief entschieden ab. Es geht bei

[122] WEN, 189.
[123] WEN, 189f.
[124] WEN, 190.
[125] A.a.O.
[126] Bonhoeffer denkt hier vielleicht an Aussagen wie Mk 10,28-31 par.

der Wiederbringung um einen Akt der Neuschöpfung durch den Heiligen Geist, d. h. durch Gott selbst. Heute müßte diese Einsicht zusätzlich gegen östliche Reinkarnationslehren abgesichert werden.

Bonhoeffer entfaltet die Überlegungen zum Aufsuchen des Vergangenen in den „Gedanken zum Tauftag" im Hinblick auf die Gesellschaft. „Bis Du groß bist, wird das alte Dorfpfarrhaus ebenso wie das alte Bürgerhaus eine versunkene Welt sein. Aber der alte Geist wird sich ... nach einer Zeit der Zurückgezogenheit ... neue Formen schaffen ... Es gibt menschliche Grundwahrheiten, zu denen das Leben früher oder später immer wieder zurückkehrt ... ‚Gott sucht wieder auf, was vergangen ist', heißt es in der Bibel (Prediger Sal 3, 15)."[127] Aus solchen Zeilen spricht ein in der Vergangenheit verwurzeltes Leben, wie es heute kaum noch anzutreffen ist. Die Beschäftigung mit der Vergangenheit ist für die Gesellschaft nicht Selbstzweck, sondern muß um der Zukunft willen geschehen. Die positiven Werte („die menschlichen Grundwahrheiten"), die Leben erhalten, muß eine Gesellschaft immer neu – in der Auseinandersetzung mit der eigenen Vergangenheit – entdekken. Bonhoeffer geht sogar davon aus, daß diese Entdeckungen von Gott gewirkt sind. Vielleicht ließe sich die häufig erhobene Forderung nach einem neuen Geschichtsbewußtsein in diese Richtung präzisieren.

Ein besonderes Kennzeichen von Bonhoeffers Leben im Gefängnis ist die Dankbarkeit. Es gibt nur wenige Briefe, in denen das nicht zum Ausdruck kommt. Das gilt sowohl für die Briefe an Eltern und Verwandte, wie auch für diejenigen an Eberhard Bethge und an Maria von Wedemeyer. Bereits im ersten Brief vom 14.4.43 heißt es: „Man wird für Geringes dankbar, auch das ist wohl ein Gewinn."[128] Vorher schreibt er vom wunderbaren Gesang der Singdrossel im Gefängnishof. Er ist dankbar dafür, daß er gesund ist, wieder rauchen und lesen kann[129], für vergangene Jahre[130], für ein reiches und erfülltes Leben[131], für die ganze Fami-

127 WEN, 322.
128 WEN, 32.
129 WEN, 36.
130 WEN, 50.
131 WEN, 129.

lie[132]. „Am dankbarsten bin ich für die Menschen, denen ich nahe begegnet bin ..."[133] Bonhoeffers Dankbarkeit ist kein diffuses Gefühl, sondern in ganz konkreten Erfahrungen begründet.

Auffällig ist, daß er nicht nur für Gutes dankbar ist, sondern auch für Dinge, die seinen Wünschen entgegenlaufen. Der Grund dafür liegt in seiner Gewißheit, von Gott geführt zu werden: „Noch nie haben wir den zornigen Gott so handgreiflich zu spüren bekommen, und auch das ist Gnade ... Die Aufgaben, denen wir entgegengehen, sind ungeheuer; für sie sollen wir jetzt vorbereitet und reif gemacht werden ..."[134]

Zudem ist er mit seiner Vergangenheit versöhnt und auch von daher zur Dankbarkeit befreit. „Ich will nichts von dem, was sich seit damals [der Rückkehr aus den USA 1939] ereignet hat, aus meinem Leben streichen, weder das Persönliche (– wäre ich anders verlobt? wärst Du verheiratet? außerdem Sigurdshof, Ostpreußen, Ettal, meine Krankheit unter Deiner Assistenz, die Berliner Zeit) noch das Allgemeine."[135] Vor allem der weite Lebenshorizont führt ihn zur Dankbarkeit und bewahrt ihn so vor Bitterkeit. „Man darf sich nur durch eine vorübergehend trübere Gegenwart den inneren Besitz einer schönen Vergangenheit nicht rauben lassen."[136] Oder an anderer Stelle: „Ich ... stehe ganz unter dem Eindruck, daß mein Leben – so merkwürdig das klingt – völlig geradlinig und ungebrochen verlaufen ist, jedenfalls was die äußere Führung des Lebens angeht. Es ist eine ununterbrochene Bereicherung der Erfahrung gewesen, für die ich wirklich nur dankbar sein kann."[137]

Aber nicht nur Vergangenheit und Gegenwart hat er vor Augen, auch die Zukunft ist in seinem Blick: „Wenn mein gegenwärtiger Status der Abschluß meines Lebens wäre, so hätte das einen Sinn, den ich zu verstehen glauben würde; andererseits könnte alles auch eine gründliche Vorbereitung für einen neuen Anfang sein, der

---

132 WEN, 435.
133 WEN, 428.
134 WEN, 165.
135 WEN, 195.
136 WEN, 264.
137 WEN, 297.

durch die Ehe, durch den Frieden und durch eine neue Aufgabe bezeichnet wäre."[138]

Bonhoeffer ist die Dankbarkeit nicht einfach zugefallen. Sie mußte erkämpft werden, was indirekt z. B. folgende Aussage aus einem Brief an seine Verlobte zeigt: „Wollen wir wirklich ungeduldig werden, weil so vieles noch nicht ist, was wir uns ersehnen, und nicht viel lieber nur froh und wieder froh sein, weil so unendlich vieles so ist, daß wir die Güte Gottes mit Händen greifen können?"[139] Oder: „Mitten in allem Schweren erfahren wir immer wieder eine übergroße Güte und Freundlichkeit."[140]

Am deutlichsten kommt dieser Kampf im Gedicht „Wer bin ich?" zum Ausdruck:

> „Oder bin ich nur das, was ich selbst von mir weiß?
> Unruhig, sehnsüchtig, krank, wie ein Vogel im Käfig,
> ringend nach Lebensatem, als würgte mir einer die Kehle,
> hungernd nach Farben, nach Blumen, nach Vogelstimmen,
> dürstend nach guten Worten, nach menschlicher Nähe,
> zitternd vor Zorn über Willkür und kleinlichste Kränkung,
> umgetrieben vom Warten auf große Dinge,
> ohnmächtig bangend um Freunde in endloser Ferne,
> müde und leer zum Beten, zum Denken, zum Schaffen,
> matt und bereit, von allem Abschied zu nehmen?"[141]

Bonhoeffer bricht immer wieder auf zur Dankbarkeit und versucht aus der Gefängniszelle, andere auf diesen Weg mitzunehmen.

Dankbarkeit ist für ihn die Voraussetzung für klare und ruhige Gedanken und auch dafür, sich mit seinem Schicksal auszusöhnen: „Liebste Maria, wir wollen doch bei allem täglichen Hoffen und Bitten um ein baldiges Wiedersehen und Zusammensein keinen Tag vergessen, Gott für das unendlich Viele zu danken, das er gegeben hat und noch täglich gibt. Dann werden alle unsere Gedanken

---

138 A.a.O.

139 Brautbriefe, 151.

140 WEN, 236.

141 WEN, 381.

und Pläne klarer und ruhiger werden und wir werden unser persönliches Schicksal leicht und willig auf uns nehmen."[142]

Im Gefängnis ist Bonhoeffer ganz auf die Hilfe seiner Familie und seiner Freunde angewiesen. Das führt ihn zu einer neuen und überraschenden Erkenntnis: „Im normalen Leben wird es einem oft garnicht bewußt, daß der Mensch überhaupt unendlich viel mehr empfängt als er gibt und daß Dankbarkeit das Leben erst reich macht."[143] Schließlich ist Dankbarkeit auch eine Quelle neuer Lebensfreude: „... die Dankbarkeit verwandelt die Qual der Erinnerung in eine stille Freude."[144]

Eine herausragende Rolle in Bonhoeffers geistlichem Leben in den Gefängnisjahren spielt das Gebet. Äußerer Ausdruck dafür sind die Gebete, die er Weihnachten 1943 auf deren Wunsch für seine Mitgefangenen schreibt.[145] Sie sind aus seiner eigenen Gebetspraxis und dem täglichen Umgang mit Psalter und Choral entstanden und wurden von den beiden Gefängnispfarrern Dannenbaum und Poelchau, die sich illegal zu ihm Zugang verschafft hatten, an die Mitgefangenen verteilt.[146]

Bonhoeffer macht bei Bombenangriffen die Erfahrung, daß die Not ihn ins Gebet führt: „... aber es ist eben doch so, daß die Not kommen muß, um uns aufzurütteln und ins Gebet zu treiben."[147] Auch wenn er das als schwierig, ja sogar beschämend empfindet, argumentiert er für das Gebet in der Not mit Ps 50,15: „Rufe mich an in der Not."[148] Scham empfindet er besonders deswegen, weil er in den Augenblicken höchster Lebensbedrohung den anderen kein „christliches Wort" zu sagen vermag. Instinktiv möchte er „diesen Augenblick nicht zu religiösen Erpressungen benutzen".[149] Das ist konsequent, weil Bonhoeffer Gott „nicht-religiös" verstehen will, Gott ist kein „Lückenbüßer-Gott", sondern ein „Gott in der Mitte des Lebens".

Das Gebet hat vielfältige Dimensionen: Es hilft bei der Bewälti-

---

[142] Brautbriefe, 64.
[143] WEN, 126.
[144] WEN, 198.
[145] WEN, 158ff.
[146] So DB, 954.
[147] WEN, 223; vgl. auch 167.
[148] WEN, 223.
[149] WEN, 224.

gung der Vergangenheit.[150] Es läßt ruhig werden angesichts überhand nehmender Sorgen.[151] Es ist Voraussetzung theologischer Arbeit.[152]

Bonhoeffer betet auch um Freiheit.[153] Gebet ist also nicht mit Schicksalsergebenheit zu verwechseln. Ebenso betet er um Frieden[154] und darum, mit dem in größerer Gefahr befindlichen Freund Eberhard Bethge tauschen zu können.[155] Obwohl er sich davor hütet, ein Geschehen vorschnell als Gebetserhörung zu bezeichnen, kann er doch angesichts eines Urlaubs von Bethge in militärisch gefahrvoller Frontsituation an diesen schreiben: „Hier wäre ich selbst fast bereit, einmal wirklich von ‚Fügung' und ‚Gebetserhörung' zu sprechen und Du vielleicht doch auch."[156]

Ein wesentlicher Teil seiner Gebetspraxis ist die Fürbitte. Er übt sie morgens und abends.[157] Er verspricht, sie täglich für Eberhard Bethge zu üben[158] und erbittet sie für Maria von Wedemeyer[159], er freut sich auch über die namentliche Fürbitte für ihn bei der Bekenntnissynode in Breslau am 17.11.1943[160] und ist durch die Fürbitte mit seiner Verlobten täglich verbunden[161]. Immer wieder ermahnt er seinen Freund Bethge, die Fürbitte nicht zu vergessen.[162]

Für die besondere Betonung der Fürbitte in der Gefängniszeit sind zwei Dinge wichtig: Einmal ist Bonhoeffer überzeugt, daß

---

150 WEN, 47.

151 WEN, 199; 223.

152 WEN, 411. Interessanterweise schreibt Bonhoeffer dies, direkt nachdem er sich zum Erbe der liberalen Theologie bekannt hat: „Ich fühle mich als ein ‚moderner' Theologe, der doch noch das Erbe der liberalen Theologie in sich trägt, verpflichtet, diese Fragen [der geistigen Auseinandersetzung mit der Welt] anzuschneiden. Es wird unter den Jüngeren nicht viele geben, die das beides in sich verbinden. Wie sehr würde ich Deine Hilfe brauchen. Aber, wenn uns schon das klärende Gespräch genommen ist, so doch nicht das Gebet, unter dem jede solche Arbeit allein angefangen und getan werden kann."

153 WEN, 150.

154 WEN, 202.

155 WEN, 334.

156 WEN, 318.

157 WEN, 43.

158 WEN, 149.

159 WEN, 151.

160 WEN, 156.

161 Brautbriefe, 103.

162 Z.B. WEN, 150; 427.

sie in seinem Leben positiv wirksam geworden ist: „Ich glaube, daß ich viel Bewahrung in meinem Leben der Fürbitte Bekannter und Unbekannter zu danken habe."[163] Zum anderen ist sie im Gefängnis weithin das einzige, was er für andere tun kann.[164] Angesichts der gravierenden Einschränkung seines Handlungsspielraumes für andere richtet sich sein Augenmerk auf die Fürbitte.

4. Gerechtes tun: Ja zu Gottes Erde, Leben in Gemeinschaft

Bonhoeffers Spiritualität ist in den Gefängnisjahren geprägt von einer Hinwendung zum irdischen Leben. Man gewinnt beim Lesen der Briefe an Eberhard Bethge wie auch an Maria von Wedemeyer den Eindruck, daß Bonhoeffer sich selbst damit jede Fluchtmöglichkeit aus dem Gefängnisalltag abschneiden will.

Wahrscheinlich trug die Liebe zu seiner Braut dazu bei, daß er das „Vorletzte" nicht vorschnell zugunsten des „Letzten" aufgab. Dies hatte er bereits in der „Ethik" zum Ausdruck gebracht.[165] Das zeigen z. B. folgende Aussagen aus den Brautbriefen: „Unsere Ehe soll ein Ja zu Gottes Erde sein, sie soll uns den Mut, auf der Erde etwas zu schaffen und zu wirken, stärken."[166] Wie für Luther soll sie ein „Zeichen des Vertrauens auf die Zukunft"[167] sein. Diesen Zusammenhang zeigt auch der gegenüber Bethge geäußerte Wunsch, vor seinem Tode noch Vater zu werden: „Manchmal denke ich, ich hätte nun eigentlich mein Leben mehr oder weniger hinter mir und müßte nur noch meine Ethik fertig machen. Aber weißt Du, in solchen Augenblicken faßt mich ein mit nichts anderem zu vergleichendes Verlangen danach, ein Kind zu haben und nicht spurlos abzutreten ..."[168] Dafür spricht auch Bonhoeffers Erkenntnis, daß er viele Jahre zwar nicht ohne Ziele, Aufgaben und Hoffnungen gelebt hat, er aber doch „ohne persönliche Sehn-

[163] WEN, 426.
[164] WEN, 126.
[165] Ethik, 128ff.
[166] Brautbriefe, 38.
[167] A.a.O.
[168] WEN, 182f.

sucht" war.[169] Die durch die Liebe zu Maria neu erfahrene „wirkliche Sehnsucht"[170] bejaht er, weil sie größere Lebensintensität beinhaltet und vor allem den Blick freimacht für die Zukunft.

Die Sehnsucht zur Braut, dem Freund und den Verwandten macht ihm neu bewußt, daß der Geist ein Verlangen nach Verleiblichung hat: „Bei aller Gewißheit der geistigen Verbindung zwischen Euch allen und mir, hat der Geist doch offenbar immer ein ungestilltes Verlangen nach Sichtbarmachung dieser Verbindung der Liebe und des Gedenkens, und die materiellsten Dinge werden dann Träger geistiger Realitäten."[171]

Bonhoeffer begründet die verstärkte Hinwendung zum irdischen Leben während seines Gefängnisaufenthalts primär theologisch. Die Liebe zu seiner Braut ist „Katalysator", durch den diese Erkenntnisse Gestalt gewinnen. Er spürt immer mehr den alttestamentlichen Zug seiner Frömmigkeit.[172] Besonders mit Hilfe des Alten Testaments erkennt er, daß die moderne Unterscheidung von Leiblichem und Geistigem unbiblisch ist.[173] Die christliche Auferstehungshoffnung verweist den Menschen „in ganz neuer und gegenüber dem A.T. noch verschärfter Weise an sein Leben auf der Erde"[174]. Christus nimmt das ganze menschliche Leben für sich in Anspruch[175]: „Christus aber faßt den Menschen in der Mitte seines Lebens."[176] Ein Ja zum irdischen Leben ist darum die angemessene Weise, Gott zu ehren.[177] Geistliches Leben hat sich der ununterbrochenen Herausforderung zu stellen, Gott in dem zu finden und zu lieben, was er gerade gibt.[178] Konsequenterweise wird der Christ darum „mehrdimensional-polyphon" leben.[179] Der cantus firmus des Glaubens und die dazu kontrapunktischen Themen des Lebens machen die Polyphonie der vita christiana aus.[180]

---

[169] WEN, 295f.
[170] WEN, 296.
[171] WEN, 68.
[172] WEN, 175.
[173] WEN. 379.
[174] WEN, 369.
[175] WEN, 375.
[176] WEN, 369.
[177] WEN, 215.
[178] WEN, 189.
[179] WEN, 340.
[180] WEN, 331.

Dies spiegelt sich in Bonhoeffers Verhalten im Gefängnisalltag. Er steht zu eigenen irdischen Wünschen[181], genießt die Wärme, die von der Liebe seiner Verlobten und seiner Familie ausgeht[182], und freut sich an der Schönheit der irdischen Dinge: „Eine große Freude sind mir immer die Blumen, die etwas Farbe und Leben in die graue Zelle bringen."[183]

Wo er nur kann, übernimmt er im Gefängnis Verantwortung: „Nach dem Essen habe ich auf Grund der üblen Erfahrungen des letzten Alarms ... einen Bericht über Erfahrungen und Notwendigkeiten der ärztl. Versorgung bei Alarmen hier im Haus geschrieben. Hoffentlich nützt es was. Ich bin froh, irgendwie mithelfen zu können und zwar an vernünftiger Stelle."[184] Das Kriterium bei allem Handeln während der Gefängnisjahre ist die Liebe zum Nächsten. Bei einem Vergleich mit seinen Empfindungen ein Jahr zuvor, direkt nach der Verhaftung, stellt er fest, daß sie nicht abgestumpfter, sondern abgeklärter und damit wirklichkeitsgemäßer geworden sind. Dies ist die Voraussetzung, den Nächsten wirklich zu lieben. „Solange die Phantasie erregt und aufgepeitscht ist, bleibt die Liebe zum Nächsten etwas sehr Vages und Allgemeines. Heute kann ich die Menschen, ihre Not und ihre Hilfsbedürftigkeit ruhiger ansehen und ihnen damit besser dienen."[185] Bonhoeffers Spiritualität bewährt sich in den Gefängnisjahren im verantwortlichen Handeln für andere.

Im Gefängnis erkennt Bonhoeffer neu den Stellenwert menschlicher Beziehungen. Das ist einerseits erstaunlich, weil er bei der Kommunikation im wesentlichen auf die Korrespondenz beschränkt ist, andererseits aber auch verständlich, weil in der Extremsituation des Gefängnisses die wirklich tragenden Fundamente seines Lebens freigelegt werden. „Es gibt ... kaum ein beglückenderes Gefühl als zu spüren, daß man für andere Menschen etwas sein kann ... Schließlich sind eben die menschlichen Beziehungen doch einfach das wichtigste im Leben; daran kann auch der moderne ‚Leistungsmensch' nichts ändern, aber auch nicht die

---

[181] WEN, 51; 144; vgl. auch Brautbriefe, 91: „... nach so langen Monaten der Einsamkeit habe ich einen richtigen Hunger nach Menschen."

[182] WEN, 87.

[183] WEN, 94; vgl. auch 63 und Brautbriefe, 102f.

[184] WEN, 165.

[185] WEN, 301.

Halbgötter oder die Irrsinnigen, die von menschlichen Beziehungen nichts wissen. Gott selbst läßt sich von uns im Menschlichen dienen."[186] Auch die Entdeckung, daß die menschlichen Beziehungen für sein Leben entscheidend sind, steht also im Zusammenhang mit Bonhoeffers Hinwendung zum irdischen Leben. Wenn Christus uns im Glauben zum wirklichen Leben weist, dann weist er uns zuallererst zum wirklichen Nächsten! „Das bedeutet gewiß keine Geringschätzung der Welt der Dinge und der sachlichen Leistung. Aber was ist mir das schönste Buch oder Bild oder Haus oder Gut gegenüber meiner Frau, meinen Eltern, meinem Freund?"[187]

Alle Gefängnisbriefe sind erfüllt vom Geist einer wachen, warmherzigen Liebe und Aufmerksamkeit. Wegen schwerer Kämpfe befindet sich Eberhard Bethge in gefahrvoller Situation. Bonhoeffer denkt fast unablässig an ihn und bezieht jedes gelesene Bibelwort und jeden Liedvers auf ihn.[188] Die „Freude über jeden Gruß" von zu Hause bringt ihm einen Motivations- und Kreativitätsschub.[189]

Immer wieder denkt er in den Briefen an Eberhard Bethge über das Wesen der Freundschaft nach. Sie gehört für ihn zu den „stabilen Dingen" des Lebens.[190] Sie ist im „Spielraum der Freiheit" anzusiedeln, der den Bereich der göttlichen Mandate Ehe, Arbeit, Staat und Kirche umgibt. Darum besitzt sie auch kein eigenes göttliches Mandat.[191] Freundschaft ist in den Zeiten des Hitler-Regimes selten. Wer sie pflegt, setzt ein Signal für Freiheit und Menschlichkeit. Das Gut der Freundschaft „läßt sich mit den Gütern der Mandate nicht vergleichen, es ist ihnen gegenüber sui generis, aber gehört doch zu ihnen wie die Kornblume zum Ährenfeld".[192]

Im Unglück muß sich der wahre Freund bewähren. Erst seine Treue und die der anderen nahestehenden Menschen macht das

---

186 WEN,419; vgl. auch 136.

187 WEN, 420.

188 WEN, 262.

189 WEN, 303: „... ein immer neuer Antrieb, die Zeit hier voll auszunutzen."

190 WEN, 184.

191 WEN, 216f.

192 WEN, 217. Das Motiv der Kornblume kehrt später mit den anderen Gedanken zur Freundschaft im Gedicht „Der Freund" (WEN, 422ff) wieder.

Leid erträglich. Bonhoeffer schreibt im Gedicht „Glück und Unglück“:

„Das ist die Stunde der Treue,
die Stunde der Mutter und der Geliebten,
die Stunde des Freundes und Bruders.
Treue verklärt alles Unglück
und hüllt es leise
in milden,
überirdischen Glanz.“[193]

Bonhoeffer ist bereit, für seine Freundschaften zu kämpfen: „Neulich mußte ich einmal anläßlich von Hiob cap. 1 daran denken, daß der Satan sich vom Herrn die Erlaubnis holt zu versuchen, mich in dieser Zeit von meinen Freunden zu trennen – und daß ihm das nicht gelingen soll!“[194]

Bonhoeffer entbehrt sehr die Tischgemeinschaft mit Verwandten und Freunden.[195] Sie ist für ihn mehr als „gemeinsames Essen“, weil sie „eine Realität des Reiches Gottes“ ist. Das ins Gefängnis gebrachte Essen wird ihm zum Symbol ihrer weiter bestehenden Gemeinschaft: „Alles ‚Materielle‘ was Ihr mir hierher schickt, verwandelt sich bei den Mahlzeiten zu Zeichen Eurer Gemeinschaft und Liebe und Treue. Das Unnatürliche, daß man hier das tägliche Brot nicht miteinander teilen kann, sondern für sich allein ißt, wird dadurch aufgehoben, daß ich mich als Gast an Euerm Tisch weiß ...“[196]

Diese unsichtbare geistige Gemeinschaft mit nahestehenden Menschen weitet sich zu einer noch größeren Gemeinschaft mit vergangenen Erlebnissen und Dingen. Im Brief an Maria von Wedemeyer schreibt Bonhoeffer: „Es ist, als ob die Seele in der Einsamkeit Organe ausbildet, die wir im Alltag kaum kennen. So habe ich mich noch keinen Augenblick allein und verlassen gefühlt. Du, die Eltern, Ihr alle, die Freunde und Schüler im Feld, Ihr seid mir immer ganz gegenwärtig. Eure Gebete und guten Gedanken, Bibelworte, längst vergangene Gespräche, Musikstücke, Bücher bekommen Leben und Wirklichkeit wie nie zuvor. Es ist ein

[193] WEN, 367.
[194] WEN, 243.
[195] Vgl. im folgenden WEN, 154; Brautbriefe, 84.
[196] Brautbriefe, 84.

großes unsichtbares Reich, in dem man lebt."[197] Schließlich öffnet sich die Gemeinschaft zur unsichtbaren Welt Gottes hin: „Wenn es im alten Kinderlied von den Engeln heißt: ‚zweie die mich decken, zweie, die mich wecken', so ist diese Bewahrung am Abend und am Morgen durch gute unsichtbare Mächte etwas, was wir Erwachsenen heute nicht weniger brauchen als die Kinder."[198] Diese Gedanken bilden den Hintergrund zu dem Gedicht „Von guten Mächten treu und still umgeben".[199]

Bonhoeffer erlebt im Gefängnis noch ein weiteres Geheimnis menschlicher Gemeinschaft. In dem Maße, wie er bereit ist, die eigenen Wünsche und Sehnsüchte zugunsten der Nöte anderer zurückzustellen, kann er Menschen seelsorgerlich beistehen. „Es ist merkwürdig, wie sich andere Menschen dann an uns halten, ausrichten und sich etwas sagen lassen."[200]

5. Warten auf Gottes Zeit

Ein letzter hier zu betrachtender, aber meist wenig beachteter Aspekt von Bonhoeffers Spiritualität ist seine Zukunftserwartung. Die Gefängnisjahre sind fast durchgängig geprägt von der Spannung zwischen der Hoffnung auf Freiheit und dem Rechnen mit dem Tod. Dabei zeigt sich, daß Bonhoeffer eine ganz realistische Eschatologie vertritt: „Und wenn es beschlossen sein sollte, daß wir uns nicht wiedersehen, dann laß uns bis zuletzt in Dankbarkeit und Vergebung aneinander denken und Gott möge es uns dann schenken, daß wir einst füreinander bittend und miteinander lobend und dankend vor seinem Thron stehen."[201]

Gleichzeitig wird ihm unter den Bedrohungen des Fliegeralarms klar, daß Gottes Reich kein innerliches, sondern ein Reich über die Erde sein wird: „... nicht ein Reich des Herzens, sondern über die Erde und alle Welt, nicht vergänglich, sondern ewig, ein Reich, das sich selbst seinen Weg schafft und sich Menschen ruft, die ihm den Weg bereiten, ein Reich, für das sich der Einsatz des

---

197 Brautbriefe, 208.

198 A.a.O.

199 Brautbriefe, 209.

200 WEN, 262.

201 WEN, 150.

Lebens lohnt."[202] Bonhoeffers Zukunftserwartung ist also nicht nur „realistisch", sondern ist genauer als Reich-Gottes-Erwartung zu charakterisieren. Immer wieder richtet er den Blick deshalb weg von Gottes Ewigkeit hin zur Erde, um ganz bereit zu sein für ihre Aufgaben.[203]

Die Hoffnung auf die Auferstehung wird zum Hoffnungspotential für das Leben in der Welt.[204] Darum kann er selbst „in Geduld und Zuversicht der Zukunft entgegengehen" und auch andere dazu auffordern.[205] Darum hat er auch die Kraft, Fragen der persönlichen Zukunft hinter solche der allgemeinen Zukunft zurückzustellen.[206] So beschäftigt ihn häufig die Frage, wie nach dem Ende der Hitler-Diktatur eine tragfähige Basis des Zusammenlebens in Deutschland gefunden werden kann. Unablässig denkt er über die zukünftige Gestalt der Kirche und des Christseins nach. Er weiß, daß ihre Umkehr nötig ist und daß am Ende dieses Weges ihre Erneuerung stehen wird: „Es ist nicht unsere Sache, den Tag vorauszusagen – aber der Tag wird kommen –, an dem wieder Menschen berufen werden, das Wort Gottes so auszusprechen, daß sich die Welt darunter verändert und erneuert."[207]

[202] WEN, 333.
[203] Z.B. WEN, 277.
[204] WEN, 405.
[205] WEN, 421.
[206] WEN, 268.
[207] WEN, 328.

Rainer Mayer

Brautbriefe aus der Zelle

Maria von Wedemeyer und Dietrich Bonhoeffers Verbindungen zu den Gutsbesitzer-Familien in Pommern

1. Herkunft und Zukunft

Die Erinnerungen Ruth v. Wedemeyers an ihren Mann, Hans v. Wedemeyer, haben ihr Gewicht in sich selbst.[1] Dennoch ist es als glücklicher Umstand anzusehen, daß zur selben Zeit, in der die Brautbriefe herausgegeben werden, die zwischen Dietrich Bonhoeffer und Maria v. Wedemeyer gewechselt wurden[2], auch diese Erinnerungen erscheinen können. Es sei dem Bonhoeffer-Interessenten nicht verübelt, wenn er die Blätter des erstgenannten Buches mit besonderem Interesse im Blick auf die Beziehung zwischen Maria und Dietrich liest. Es sei auch deshalb zugestanden, weil Ruth v. Wedemeyer diese Aufzeichnungen ihrer Tochter Maria gewidmet hat. Es erweist sich, daß Maria v. Wedemeyer keineswegs als bloßes Anhängsel an Dietrich Bonhoeffer verstanden werden kann, sondern daß sie trotz ihrer Jugend ein wirklicher Partner und ein echtes Gegenüber war. In dieser Hinsicht gibt es noch viel zu entdecken, gerade auch im Hinblick auf die wichtigen späten Äußerungen Bonhoeffers in „Widerstand und Ergebung".

Seit der Eröffnung des Predigerseminars der Bekennenden Kirche in Finkenwalde im Juni 1935, zu dessen Leiter Dietrich Bonhoeffer ernannt worden war, trat Bonhoeffer in näheren Kontakt zum pommerschen Landadel. Für ihn bedeutete diese Begegnung

---

[1] Ruth v. Wedemeyers Erinnerungen an ihren Mann erscheinen 1993 im Brendow-Verlag, Moers, unter dem Titel: In des Teufels Gasthaus. Eine preußische Familie (1918-1945). – Sie lagen zur Zeit der Abfassung dieses Aufsatzes erst im Manuskript vor. Daher wird bei der Bezugnahme auf dieses Buch ohne Angabe von Seitenzahlen zitiert. Darin finden sich auch die hier ohne Belegstelle zitierten Briefe von Klaus v. Bismarck und anderen.

[2] Vgl. Dietrich Bonhoeffer / Maria v. Wedemeyer, Brautbriefe Zelle 92 (1943-1945), (Hrsg. R.A. v. Bismarck u. U. Kabitz), München 1992 (im folgenden abgekürzt: Brautbriefe).

gewiß nicht den Eintritt in eine ihm bisher unbekannte oder gar verschlossene Welt, wohl aber eine Erweiterung seines Gesichtskreises und ein Knüpfen neuer Beziehungen.

Ein Teil von Bonhoeffers Ahnen, die Linie seiner Großmutter mütterlicherseits, Clara, geb. Gräfin von Kalckreuth, stammte ja selbst aus dem preußischen Adel. In der großbürgerlichen Familie Bonhoeffer, in der Dietrich heranwuchs, zählten allerdings Adelsprivilegien wenig. Als wichtig galten vielmehr Persönlichkeit und eigene Leistung, wie sie der Vater, Karl Ludwig Bonhoeffer, repräsentierte, der es zum Inhaber des in Deutschland führenden Lehrstuhls für Psychiatrie und Neurologie an der Berliner Charité gebracht hatte. Das heißt nicht, daß man in diesem Bürgerhaus Traditionen nicht gepflegt oder sie gar verachtet hätte. Auf den Stammbaum der Familie Bonhoeffer, der sich bis ins 16. Jahrhundert zurückverfolgen läßt, war man durchaus stolz. Aus Holland eingewandert, findet man das Geschlecht der Bonhoeffers seit 1514 in Schwäbisch Hall u.a. als Goldschmiede, seit dem 17. Jahrhundert als Geistliche, Ärzte, Ratsherren und Bürgermeister. Die reiche Welt seiner Vorfahren gab Dietrich Bonhoeffer einen Vorsprung im Leben, eine Sicherheit des Urteilens und Auftretens, wie sie nicht leicht in nur einer Generation erworben werden kann.

Die nähere Beziehung zur Welt des pommerschen Landadels bedeutete für Dietrich Bonhoeffer die Herausforderung zur Auseinandersetzung mit seiner eigenen Tradition und zu einem vertieften Fragen nach Vergangenheit, Gegenwart und Zukunft. Bonhoeffer hat die Umbrüche seiner Zeit wachsam wahrgenommen. Er hat sie einesteils mitverantwortet, andererseits hat er sich ihnen widersetzt, wenn sie ihm nur als Revolte der Unverantwortlichkeit erschienen. Immer hat er in Zusammenhängen gedacht und gehandelt. Selbst wenn man sich gegen eine Tradition entscheidet, bedeutet das keineswegs einfach Abbruch; vielmehr ist eine solche Entscheidung, wenn sie bewußt getroffen wird, nur auf dem Hintergrund und in Auseinandersetzung mit dem Vergangenen möglich! Wer nicht weiß, wo er herkommt, kann auch das Ziel nicht finden, das er anstreben soll. Unter Wahrnehmung aller Wandlungen seiner Zeit schrieb Bonhoeffer sehr traditionsverbunden zum Tauftag seines Neffen im Mai 1944: „Bis Du groß bist, wird das alte Dorfpfarrhaus ebenso wie das alte Bürgerhaus eine versunkene Welt sein. Aber der alte Geist wird sich nach den Zeiten seiner

Verkennung und seiner tatsächlichen Schwäche und nach einer Zeit der Zurückgezogenheit und inneren Neubesinnung, der Bewährung und Gesundung, neue Formen schaffen."[3] Das Dorf, das es noch vor 30 Jahren gab, führte er weiter aus, werde es ebensowenig mehr geben wie die idyllische Südsee-Insel. „Dennoch wird es ein Gewinn sein, in diesem Zeitenwandel ein Stück Erdboden unter den Füßen zu haben, und aus ihm die Kräfte zu einem neuen, natürlichen, anspruchslosen und zufriedenen Tageswerk und Feierabend zu ziehen."[4] – Einen solchen Satz hätte Hans v. Wedemeyer gewiß ebenso sagen können!

Bonhoeffer fragte nach dem Charakter des Umbruchs und nach den darin überdauernden Werten: „Gehen wir einer Zeit der kolossalen Organisationen und Kollektivgebilde entgegen oder wird das Verlangen unzähliger Menschen nach kleinen, übersehbaren, persönlichen Verhältnissen erfüllt? Muß sich beides ausschließen? Wäre es nicht denkbar, daß gerade die Weltorganisationen in ihrer Weitmaschigkeit mehr Raum für das persönliche Leben hergeben?"[5]

Bonhoeffer wußte um die Privilegien des Adels, auch um die des Bürgertums und der etablierten Kirchen. In einer sich wandelnden Zeit war er zum Verzicht darauf bereit, aber es darf kein Verzicht aus Resignation sein, sondern aus Verantwortung für einen Neuanfang aus den Wurzeln des christlichen Glaubens: „Auf unsere Privilegien werden wir gelassen und in der Erkenntnis einer geschichtlichen Gerechtigkeit verzichten können. Es mögen Ereignisse und Verhältnisse eintreten, die über unsere Wünsche und Rechte hinweggehen. Dann werden wir uns nicht in verbittertem und unfruchtbarem Stolz, sondern in bewußter Beugung unter ein göttliches Gericht und in weitherziger und selbstloser Teilnahme am Ganzen und an den Leiden der Mitmenschen als lebensstark erweisen."[6]

In seiner Bilanz nach zehn Jahren Widerstandsbewegung gegen Hitler faßte Bonhoeffer an der Jahreswende 1942/43 zusammen, was für ihn Herkunft bedeutet: „Zwar sind gewonnene Erkennt-

---

[3] Dietrich Bonhoeffer, Widerstand und Ergebung. Briefe und Aufzeichnungen aus der Haft (Hrsg. E. Bethge), Neuausgabe, München 1970 (im folgenden abgekürzt: WEN), S. 322.

[4] WEN, S. 324.

[5] WEN, S. 326f.

[6] WEN, S. 327.

nisse und Erfahrungen, deren man sich nachträglich bewußt wird, nur Abstraktionen vom eigentlichen, vom gelebten Leben selbst. Aber wie Vergessenkönnen wohl eine Gnade ist, so gehört doch das Gedächtnis, das Wiederholen empfangener Lehren, zum verantwortlichen Leben."[7] – Das bedeutet: Tradition will als Verpflichtung zur Verantwortung für die Zukunft wahrgenommen werden!

2. Familie und Erziehung

Trotz ihrer unterschiedlichen Herkunft, der großbürgerlichen Dietrich Bonhoeffers und der adligen Maria v. Wedemeyers, gibt es erstaunliche Entsprechungen im Blick auf Elternhaus und Erziehung.

Der Vater war in beiden Familien die prägende Autoritätsperson. Dies festzustellen heißt nicht, den Einfluß der Mütter zu unterschätzen. Die Väter repräsentierten jedoch die Erziehungsgrundsätze. Kurz nachdem Dietrich Maria näher kennengelernt hatte, war ihr Vater an der Ostfront gefallen. Im Gefängnis las Dietrich Bonhoeffer die Erinnerungen Hans v. Wedemeyers an dessen Elternhaus. Im Brief vom 22.1.1944 schrieb er darüber an seine Braut: „Diese Herbe im Verhältnis des Vaters zum Sohn ist ein Zeichen großer Kraft und innerer Sicherheit ... Die heutigen Menschen sind meist zu schwächlich, sie haben Angst, die Liebe ihrer Kinder zu verlieren, degradieren sich selbst zu Kameraden und Freunden ihrer Kinder und machen sich schließlich gerade dadurch ihnen entbehrlich. Mir ist diese Erziehung, die keine ist, greulich. Ich glaube, daß unsere Elternhäuser darin ähnliche Vorstellungen haben."[8]

In beiden Elternhäusern lernten die Kinder, hohe Anforderungen an sich zu stellen. Sie empfanden dies nicht als Zumutung, sahen sie doch, daß die Eltern für sich selbst dieselben Grundsätze gelten ließen. Das Ganze war in die Liebe häuslicher Geborgenheit eingebettet. Es ging auch nicht um hohe Anforderungen als

[7] WEN, S. 11.

[8] Zitiert nach: E. Bethge, Dietrich Bonhoeffer. Eine Biographie, München 1967 (im folgenden abgekürzt: E. Bethge, D.B.), S. 38.

Selbstzweck, sondern um Voraussetzungen, die zum Bestehen vor den Herausforderungen der Zukunft halfen. Bonhoeffer zählte die ihm wichtigen Werte einmal auf, als er von der Kirche der Zukunft sprach: „Speziell wird unsere Kirche den Lastern der Hybris, der Anbetung der Kraft und des Neides und des Illusionismus als den Wurzeln allen Übels entgegentreten müssen. Sie wird von Maß, Echtheit, Vertrauen, Treue, Geduld, Zucht, Demut, Genügsamkeit, Bescheidenheit sprechen müssen. Sie wird die Bedeutung des menschlichen ‚Vorbildes' ... nicht unterschätzen dürfen ..."[9] Dieser „Tugendkatalog" und die Rolle des Vorbildes entspricht den Erziehungsprinzipien beider Elternhäuser. So schreibt Ruth v. Wedemeyer über ihren Mann: „Die vielgeschmähte preußische Gesinnung, an deren Stelle bis heute noch kein Ersatz getreten ist, bedeutete in seinen Augen viel. Sie bedeutete, mehr zu sein als zu scheinen, die eigene Person hinter dem Werk und der Sache verblassen zu lassen. Sie bedeutete den Geist der Einfachheit und Bescheidenheit, die Absage an jede Angeberei, ja auch an Luxusentfaltung und an jede Bereicherung auf Kosten des Staatswohles oder des Volkes ... Und es war die Freiheit, furchtlos in unmittelbarem Kontakt mit Gott zu leben und bereit zu sein, diese Überzeugung zu bekennen."

Im Blick auf die Familie Bonhoeffer bestätigte Dietrichs Schwägerin Emmi Bonhoeffer: „Ich glaube, daß allen Bonhoeffers eine hohe Empfindlichkeit gegen alles geistig Gespreizte, Hochgeschraubte eingeboren und durch die Erziehung noch gesteigert worden ist. Auf jeden Anflug in dieser Richtung reagierten sie allergisch, da wurden sie unduldsam bis zur Ungerechtigkeit."[10] – Dietrichs Zwillingsschwester, Sabine, meinte im Blick auf den Vater: „Seine Ablehnung der Phrase hat uns zu Zeiten einsilbig und unsicher gemacht, aber erreicht, daß wir als Heranwachsende an Schlagwörtern, Geschwätz, Gemeinplätzen und Wortschwall keinen Geschmack mehr fanden."[11]

---

[9] WEN, S. 416.

[10] Emmi Bonhoeffer, Nachbarskinder im Professorenviertel, in: Begegnungen mit Dietrich Bonhoeffer (Hrsg. W.-D. Zimmermann), München 1964 (im folgenden abgekürzt: Begegnungen), S. 29.

[11] Sabine Leibholz-Bonhoeffer, Vergangen-erlebt-überwunden. Schicksale der Familie Bonhoeffer, Gütersloh 1985, S. 24.

In ähnlicher Sicht seines Vaters schrieb Maximilian v. Wedemeyer an seinen Bruder Hans-Werner, nachdem ihr Vater an der Ostfront gefallen war, im Brief vom 1.10.1942: „Wir haben beide unseren Vater verloren – und haben in ihm unser Vorbild und unseren Wegweiser verloren." An seine Mutter hatte er kurz vorher, am 16.9.1942, geschrieben: „Mit Deiner Ansicht über den Platz, an den Vaters Kreuz [in der Pätziger Kirche] hingehört, bin ich ganz einverstanden. Hier bei uns bekommt ja der Offizier oder Ritterkreuzträger [beides war Hans v. Wedemeyer] auch keinen Extra-Ehrenplatz. Er kommt genau so in die Reihe wie jeder Landser."

Maximilian v. Wedemeyer und Dietrich Bonhoeffer wurden so erzogen, daß sie lernten, in Gefahr und Notsituationen auch an die anderen und nicht nur an sich selbst zu denken. Aus Briefen beider wird deutlich, daß sie es vermeiden wollten, mit den eigenen Schwierigkeiten ihre Angehörigen zusätzlich zu belasten. So versicherte Dietrich Bonhoeffer gleich am Anfang seiner Haft seinen Eltern, es gehe ihm im Gefängnis wirklich gut.[12] In einem seiner letzten Lebenszeichen, nun aus dem Gestapo-Keller in der Prinz-Albrecht-Straße zu Berlin, lautete es im Geburtstagsbrief an die Mutter: „Eigentlich habe ich nur einen einzigen Wunsch, nämlich Dir in diesen für Euch so schweren Tagen irgendeine Freude machen zu können."[13] – Maximilian schrieb von der Front an seine Tante: „Wenn man selbst mittendrin steht im Geschehen, auf dem Schauplatz, wo den Lieben in der Heimat so viel Leid zugefügt wird, dann sieht man den Tod doch mit etwas anderen Augen an ..." (Brief vom 7.10.1942).

In der Verlobungszeit von Dietrich und Maria gab es eine Zeitlang Schwierigkeiten im Blick auf das volle Einverständnis der Familien. Maria war erst 18 Jahre alt, als Dietrich sie im Juni 1942 zwischen seinen konspirativen Reisen nach Schweden und nach Italien auf dem Gut ihrer Großmutter in Klein-Krössin wiedersah. Damals trat er erstmals in eine nähere Beziehung zu ihr. Er selbst aber war doppelt so alt! Nach dem Tod von Marias Vater, im August 1942, traf er Maria dann mehrere Male in Klein-Krössin und Berlin. Marias Mutter Ruth hatte Bedenken dieser Verbindung gegenüber. Der Vater war gefallen. Würde das altersmäßig und von seinen Interessen her so unterschiedliche Paar auf Dauer

---

[12] Brief vom 14.4.1943, WEN, S. 31.

[13] Brief vom 28.12.1944, WEN, S. 435.

zusammenpassen? Zudem schien sie etwas von der konspirativen Tätigkeit Bonhoeffers zu ahnen. Deshalb bat Frau v. Wedemeyer Dietrich Bonhoeffer um eine Aussprache. Diese fand am 24.11.1942 in Pätzig statt. Marias Mutter schlug eine einjährige Trennung und Probezeit vor. Dietrich rebellierte zunächst, aber er zeigte es nicht nach außen. Er wollte die, wie er dachte, schwächere Position von Marias Mutter als Kriegerwitwe nicht ausnutzen: „Ich darf ihr jetzt nicht das Gefühl der Wehrlosigkeit geben, das wäre schuftig, aber es erschwert meine Situation."[14] Als Maria und Dietrich sich dann doch am 17.1.1943 verlobten, stimmten beide zu, daß bis zur offiziellen Bekanntgabe der Verlobung und bis zur Hochzeit noch einige Zeit verstreichen sollte. Anfang Februar teilte Dietrich die Verlobung seinen Eltern mit. Bonhoeffers Eltern besuchten Frau v. Wedemeyer daraufhin in Pätzig. Mit Freude wird Dietrich den Brief seines Vaters vom 27.3.1944 empfangen haben, denn dieser bestätigte bei allen Unterschieden die Gemeinsamkeiten: „Gestern las uns Frau v. Wedemeyer Erinnerungen ihres Mannes ... Sie interessierten mich, weil sich trotz des ganz anderen Interessenkreises die grundsätzliche Einstellung zum Leben und zu Erziehungsfragen kaum von der in unseren schwäbischen Familien geübten unterschied."[15]

Dietrichs Verhaftung am 5.4.1943 durchkreuzte dann alle Möglichkeiten, konkrete Pläne zu machen. Jetzt wurde beschlossen, die Verlobung offiziell bekanntzugeben. Dietrich empfing seine Gratulationsbriefe in der Zelle und empfand das als eine groteske Situation. Maria aber mußte sich in der großen Familie Bonhoeffer gewissermaßen selbst einführen. Das war keine leichte Sache, denn durch die Verhaftungen, die die Familie getroffen hatten, wurde die Aufmerksamkeit auf andere Dinge gelenkt.

Das also vermittelte die Erziehung in beiden Elternhäusern den Kindern: Selbstbewußtsein und Selbstbeherrschung, Mitdenken und Mitfühlen mit anderen – eingebettet in die Geborgenheit der Familie. Das war die Ausstattung für den Lebensweg und die Grundlage für die Gewinnung eigener Überzeugung. Nichts verabscheute Hans v. Wedemeyer mehr bei sich selbst und anderen, wie seine Frau berichtet, als den Satz: „Ich bin nun einmal so." In gleicher Weise gab Dietrich Bonhoeffer an seinen Neffen zu dessen

---

[14] Brief vom 27.11.1942 an E. Bethge, D.B., S. 888.

[15] Zitiert nach: E. Bethge, D.B., S. 937.

Tauftag weiter, was er als Grundlage der Erziehung in diesen Familien ansah: Die „Tradition, die in ihren Trägern das stolze Bewußtsein der Berufung zu höherer allgemeiner Verantwortung, zu geistiger Höchstleistung und Führerschaft und die tief verwurzelte Verpflichtung, Hüter eines großen geschichtlichen Erbes und geistiger Überlieferung zu sein, geschaffen hat, wird Dir, noch bevor Du es begreifst, eine Art zu denken und zu handeln geben, die Du nie mehr verlieren kannst, ohne Dir untreu zu werden."[16] – Bei allen Unterschieden der Familien führte diese Erziehung Maria und Dietrich letztlich zusammen.

3. Berneuchener Bewegung und Bekennende Kirche

Die Frömmigkeit in Dietrich Bonhoeffers Elternhaus war bürgerlich-liberal geprägt.[17] Man besuchte z.B. nur selten den Sonntagsgottesdienst. Doch die Mutter sorgte dafür, daß die Kinder Bibelverse und Kirchenlieder lernten. Auch eine Erzieherin, die der Herrnhuter Brüdergemeine angehörte, prägte die Kinder der Familie im Blick auf die Frömmigkeit mit. Es war Dietrichs ganz persönliche Entscheidung, die ihn auch dem Spott der Brüder aussetzte, daß er sich zum Theologiestudium entschloß. In der Familie herrschten durchaus andere Ideale. Die Existenz als akademischer theologischer Lehrer mag noch am Rande der Vorstellungen im Blick auf die Zukunft der Söhne gelegen haben, nicht aber der Pfarrerberuf. Rückschauend schrieb der Vater an Dietrich: „Als Du Dich seinerzeit für die Theologie entschlossen hast, dachte ich manchmal im stillen, daß ein stilles, unbewegtes Pastorendasein ... eigentlich zu schade für Dich wäre."[18] – Doch dann kam alles ja ganz anders!

---

[16] WEN, S. 321f.

[17] Zur Biographie Bonhoeffers vgl. auch: Peter Zimmerling, Dietrich Bonhoeffer. Leben und Werk, in: Rainer Mayer/Peter Zimmerling (Hrsg.), Dietrich Bonhoeffer. Die Aktualität seines Lebens und Werkes, Gießen 1992, S. 13-40.

[18] Brief vom 2.2.1934, zitiert nach: E. Bethge, D.B., S. 61f. Gewiß gab es sogar Oberhofprediger in der Familie der Mutter und eine lange Kette von Pfarrern in der Familie des Vaters, doch kam in der wissenschaftlichen Einstellung des prägenden Vaters und bei Dietrichs älteren Brüdern der natur-

Als Leiter des Predigerseminars in Finkenwalde (Einzug: 24. Juni 1935) entdeckte Bonhoeffer die selbstbewußte, verwurzelte Kirchlichkeit der Patronatsherren, die noch mit Spuren der pommerschen Erweckungsbewegung aus den 20er Jahren des 19. Jahrhunderts verbunden war. Das alte Institut des Kirchenpatronats, das heute weithin abgeschafft ist, zeigte im Kirchenkampf auch positive Wirkungen. Meist hatte es zum Inhalt, daß der Gutsherr die Baulast des örtlichen Kirchengebäudes zu tragen, dafür aber auch bei der Besetzung der Pfarrstellen ein entscheidendes Wort zu sprechen hatte. Für Bonhoeffer als Direktor eines Predigerseminars der Bekennenden Kirche erwies es sich als Vorteil, daß er immer wieder einmal einen Kandidaten unter dem Schutz eines Patronatsherren am Willen der Kirchenleitung vorbei in die gewünschte Gemeinde bringen konnte.

Hans v. Wedemeyer war Patron zu Pätzig. Seine Schwiegermutter, Ruth v. Kleist-Retzow, hatte ihren Alterssitz in Klein-Krössin, nahe bei Kieckow. Sie war eine bemerkenswerte Frau, entschiedenes Mitglied der Bekennenden Kirche und energische Förderin des Finkenwalder Seminars. Wie Klaus v. Bismarck berichtet, stand sie auch bei den Familientreffen im Mittelpunkt. Ihr Wort galt viel in dieser vom Preußentum und Pietismus geprägten Welt.[19] Von Anfang an wandte sie Dietrich Bonhoeffer ihr lebhaftes persönliches Interesse zu. Sie setzte durch, daß drei ihrer Enkel Konfirmandenunterricht bei ihm erhielten, darunter auch Maximilian, Marias älterer Bruder. Maria selbst war wegen ihrer „jugendlichen Unreife“ von Bonhoeffer noch nicht zu seinem Konfirmandenunterricht zugelassen worden. Öfters besuchte Ruth von Kleist den Finkenwalder Gottesdienst, gelegentlich auch in Begleitung ihrer Enkelinnen Maria und Ruth-Alice v. Wedemeyer. Letztere war mit Klaus v. Bismarck verlobt. Die Entstehung von Bonhoeffers Buch „Nachfolge“ begleitete sie mit großem Interesse. Dieser verbrachte seinerseits immer häufiger die Ferien in Klein-Krössin oder Kieckow, dem Stammsitz der Kleist-Retzows. In den spannungsvollen Jahren 1940–1943 boten ihm diese Landsitze Refu-

---

wissenschaftliche Empirismus und Rationalismus besonders zur Geltung, gegen den sich Dietrich seinerseits abzugrenzen bemühte. (Vgl. dazu auch: Sabine Leibholz, Kindheit und Elternhaus, in: Begegnungen, S. 25f).

[19] Vgl. dazu die lebendige Schilderung über Frau Ruth v. Kleist-Retzow: Werner Koch, Ein Westfale in Pommern, in: Begegnungen, S. 98ff; ebenso Jane Pejsa, Matriarch of Conspiracy. Ruth von Kleist, 1867–1945, Minneapolis 1991.

gium und Möglichkeiten zur theologischen Besinnung zwischen den Reisen mit aufreibenden konspirativen Aktionen. Frau v. Kleist-Retzow befürwortete und förderte die Beziehung zwischen Dietrich und Maria. Ins Gefängnis sandte sie später nach der offiziellen Bekanntgabe der Verlobung die Biographie ihres Schwiegervaters, Hans v. Kleist-Retzow, und schrieb hinein: „... Es beglückt mich, lieber Dietrich, da ich Dir entscheidende Erkenntnisse meines Lebens verdanke, an diesem Tage, an dem Du auch sichtbar in unsere Familie getreten bist, dieses Buch zu überreichen. Der Mann, von dem es redet, hat einen greifbaren Segen hinterlassen, in den auch Du nun eingeschlossen bist. Klein-Krössin (Kieckow), den 24. Juni 1943."[20]

Hans v. Wedemeyer gehörte zu den ersten Mitgliedern der Berneuchener Bewegung, so genannt nach dem Gut Berneuchen in der Neumark. Aus der Jugendbewegung heraus hatte sich nach dem Ersten Weltkrieg eine Gruppe zusammengefunden, der es um eine Erneuerung des Glaubens und aus dieser Quelle auch um eine Erneuerung des kirchlichen Lebens ging. Die Jugend erwies sich damals zwar weithin als religiös empfänglich, lehnte aber die überlieferte Kirche ab. Auf dem Pätziger Gut trafen sich Freunde, die in gleicher Weise wie die spätere Berneuchener Bewegung die emotionale Religiosität der Jugendbewegung und eine kirchliche Erneuerung zusammenführen wollten. Diese Versammlungen gingen dann in die Berneuchener Bewegung ein, die aus dem Zusammenschluß von Verantwortlichen mehrerer Gruppen zwischen Kirche und Jugendbewegung mit ähnlichen Anliegen entstand („Christdeutsche"; „Bund deutscher Jugendvereine", „Neuwerk-Kreis", „Neupfadfinder"). Nach dem Scheitern einer Konferenz auf Schloß Angern, zwischen Magdeburg und Stendal gelegen, öffnete der greise General v. Viebahn sein Rittergut Berneuchen in der Neumark für den Versuch, nicht von der „Lehre", sondern vom „Leben" her Kirche zu gestalten und Gemeinschaft zu erneuern. Daher bekam die Bewegung dann ihren Namen. In den Jahren 1923 bis 1927 fanden fünf Konferenzen in Berneuchen statt. Nach dem Tode von Viebahns wurden drei Konferenzen von 1928 bis 1930 in Pätzig abgehalten; darunter waren die von 1928 und

[20] Zitiert nach: E. Bethge, D.B., S. 503.

1929 durch Teilnahme Paul Tillichs geprägten besonders fruchtbar.[21] Hans v. Wedemeyer war bei den Pätziger Konferenzen mehr als nur Gastgeber und Hausherr. Dies zeigt sich daran, daß der Konvent Nordostdeutschland im Jahre 1939 beschloß, ihn zum Konventsältesten für Pommern und Ostpreußen zu ernennen. Dies war ehrenvoll und außergewöhnlich, da die Konventsältesten sonst durchweg Theologen waren. Durch den vom Kriegsbeginn bedingten Umbruch kam dieser Plan dann nicht mehr zur Ausführung.

Die Ausgangsfrage der Berneuchener lautete: Wie muß eine Kirche in allen ihren Lebensäußerungen, in Gottesdiensten, Verkündigung und Verfassung beschaffen sein, um von der Jugend nicht als Ideologie neben anderen Ideologien mißdeutet, sondern als Gestalt der Wahrheit verstanden zu werden? Die Schätze der Urkirche wurden für die evangelische Tradition neu entdeckt, und die Ökumene mit der Römisch-Katholischen Kirche wurde gesucht. Die Weiterwirkung bis heute zeigt sich daran, daß die Liturgien verschiedener Landeskirchen durch liturgisches Singen, die Osternachtsfeier, Ordnungen für das gebundene Gebet usw. von der Berneuchener Bewegung beeinflußt sind. Symbol, Gleichnis und Bildhaftigkeit bedeuten für die Berneuchener wesentliches Ausdrucksmittel. Von daher fällt auch ein Licht auf den Stellenwert der jährlichen Krippenspiele in der Pätziger Kirche, die Ruth v. Wedemeyer in ihren Erinnerungen wiederholt hervorhebt.

Im Herbst 1929 fand eine öffentliche Berneuchener Tagung in Schulpforta statt. Paul Tillich referierte über „Sakrament und Seele". Die Ostertagungen auf der Westerburg 1930 und 1931 waren geprägt durch die Neuentdeckung meditativer Erfahrungen. Aus all diesen Motiven der Berneuchener Bewegung heraus kam es im September 1931 in Marburg zur Gründung der Evangelischen Michaelsbruderschaft. Verantwortliche Träger der Berneuchener Arbeit schlossen sich zu einer festgefügten und verbindlichen Gemeinschaft zusammen. Die Mitglieder unterzogen sich

---

[21] Vgl. Wilhelm Stählin, Via vitae. Lebenserinnerungen, Kassel 1968, S. 319. – Zur Berneuchener Bewegung vgl. außerdem: Hans Carl v. Haebler, Geschichte der Evangelischen Michaelsbruderschaft von ihren Anfängen bis zum Gesamtkonvent 1967, Altenberg (Selbstv.) 1974; Berneuchener Konferenz (Hrsg.), Das Berneuchener Buch. Vom Anspruch des Evangeliums auf die Kirchen der Reformation, Darmstadt 1971.

geistlicher Zucht, verpflichteten sich, vor Entscheidungen den Rat der Brüder zu hören und sich einen „Helfer“ (Seelsorger) zu wählen. Das Gesamtleben der Kirche wurde in Form von konzentrischen Kreisen verstanden, in deren Mitte das tägliche Gebet (Tagzeitengebete), Kirchenjahreslese mit Wochensprüchen und Wochenliedern, die persönliche Beichte und vor allem die Abendmahlsfeier standen.

Die Berneuchener Bewegung und die durch Karl Barths Theologie geprägte Bekennende Kirche von Barmen und Dahlem, der Bonhoeffer mit ganzem Herzen angehörte, zeigten bezeichnende Parallelen und Unterschiede. Beide wollten eine Erneuerung der Kirche von innen heraus, nicht durch Weltanschauung und Politik, sondern vom Quellgrund des Glaubens her. Als Ziel der Sammlung und Zurüstung diente nicht die eigene Erbauung, sondern die Sendung. Die „geistlichen Wochen“ der Berneuchener fanden ihre Entsprechung in den „evangelischen Wochen“ der Bekennenden Kirche. – Der christologischen Konzentration von Barmen im Gefolge von Karl Barths Theologie stand aber bei den Berneuchenern die Betonung der Trinitätstheologie gegenüber; von daher waren „Verwirklichung“ und „Leibhaftigkeit“ ihre Stichworte, sie erstrebten die Einheit vom martyria („Zeugnis“), leitourgia („Gottesdienst“) und diakonia („Dienst“). Engagierten Barthianern waren die Berneuchener zu „religiös“. Dietrich Bonhoeffer war ein solcher Barthianer. Sein berühmtes Wort: „Nur wer für die Juden schreit, darf auch gregorianisch singen“, sollte alle Tendenzen in der liturgischen und hochkirchlichen Bewegung treffen, die sich hinter die Kirchenmauern zurückzogen, statt verantwortlich für die Verfolgten einzutreten. Auch in der „Finkenwalder Homiletik“, die Bonhoeffer vom Sommersemester 1937 bis zum Wintersemester 1938/39 las, meinte er kritisch: „Allein das Wort macht uns unentschuldbar. Musik und Symbole (Berneuchen) machen uns nicht unentschuldbar, sie sind nicht eindeutig und brechen den Willen nicht ... Mit den kultischen Bemühungen stehen wir in der Gefahr, dem Predigtwort noch etwas hinzuzufügen.“[22] In „Widerstand und Ergebung“ werden die Berneuchener sogar als „gefährliche Reaktionäre“[23] bezeichnet.

[22] Dietrich Bonhoeffer, Gesammelte Schriften (Hrsg. E. Bethge), Band 4, München 1961 (im folgenden abgekürzt: GS 4), S. 243.

[23] WEN, S. 360.

Umgekehrt fehlte es auch nicht an Kritik der Berneuchener gegenüber dem radikalen Flügel der Bekennenden Kirche, dem Dietrich Bonhoeffer angehörte. Wilhelm Stählin, der Mitinitiator der Berneuchener Bewegung und langjährige Älteste der Michaelsbruderschaft, schreibt in seinen Lebenserinnerungen: „Die für die Polemik so bequeme Meinung, daß Berneuchen ein Verein zur Erfindung und Durchsetzung komplizierter liturgischer Ordnungen sei, scheint bei manchen Leuten unausrottbar zu sein, und weder unsere eigene immer wieder vorgetragene These von der Einheit von martyria, leitourgia und diakonia noch die zahlreichen Veröffentlichungen einzelner Glieder unserer Kreise, die auf ganz anderen Gebieten liegen, konnten dieses Fehlurteil berichtigen."[24]

Die Hauptdifferenz bezog sich auf die Grundlage der Bekennenden Kirche, die „Barmer Theologische Erklärung". Stählin meint dazu: „Wäre ich in Barmen dabei gewesen, so würde ich wahrscheinlich aus der Front der dort gewonnenen Einsichten nicht ausgebrochen sein ... Aber es schien mir – und scheint mir bis zum heutigen Tag –, daß die notwendige Abwehr damals, wie so oft, zu einer Einseitigkeit und Verengung des Evangeliums nach der anderen Seite verführt hat ... Die ‚Glaubensbewegung Deutsche Christen' war, theologisch betrachtet, die Reaktion auf eine Verengung des Christentums auf ein isoliertes soteriologisches Interesse, in dem die Schöpfung und die ganze leibhaft-natürliche Seite der christlichen Existenz keinen Raum hatte. Nun aber wurde jene gefährliche Verengung kanonisiert und die ‚Offenbarung' ausdrücklich auf das eine Wort Gottes fixiert, das Gott in Christus zum Heil der Welt gesprochen hat. Weder die Ur-Offenbarung Gottes in seinen Werken, die ‚revelatio generalis' der alten Dogmatiker, noch das Alte Testament und das Gesetz fanden in diesen Barmer Sätzen den ihnen zukommenden Raum. Auch schien mir die These 4 mit der Formulierung von dem der ganzen Gemeinde anvertrauten und befohlenen Dienst die von dem Augsburger Bekenntnis betonte Eigenständigkeit des Amtes als einer göttlichen Stiftung zu verleugnen."[25]

Stählin bezeichnet die Auseinandersetzung zwischen Bekennender Kirche und Berneuchenern zwar nicht als großen Kampf, aber als Aktionen der kleinen „Nadelstiche", die auf Dauer auch

---

[24] W. Stählin, Via vitae (vgl. Anm. 21), S. 370.

[25] A.a.O., S. 297f.

schmerzen und zermürben können.[26] Beiden Richtungen ging es, wie gesagt, um eine Erneuerung der evangelischen Kirche von ihren Wurzeln her. Immerhin wurde Stählin, maßgeblich durch Initiative von Heinz Kloppenburg, einem führenden Mann der Bekennenden Kirche, 1945 zum Bischof von Oldenburg berufen. Kloppenburg meinte ausdrücklich, es liege ihm und seinen Freunden gerade daran, Bekennende Kirche und Michaelsbruderschaft als zwei Quellen kirchlicher Erneuerung zusammenfließen zu lassen.[27] Doch die Spannungen blieben auch über die Zeit des Kirchenkampfes hinaus bestehen. So sagte Martin Niemöller noch im Jahre 1950 zu einem der Freunde Stählins, es gehe jetzt in der Kirche um die Entscheidung: Bekennende Kirche oder Liturgische Bewegung.[28] Stählin hingegen kritisiert bei der Bekennenden Kirche den Anspruch auf Alleingeltung ihrer theologischen

[26] A.a.O., S. 439. Eine von Stählin berichtete Einzelheit mag dazu als Beispiel dienen. Als Münsteraner Professor für Praktische Theologie nahm Stählin auch für das Konsistorium Prüfungen ab. Nach Ansicht einer Gruppe von BK-Studenten in Münster war Stählin damit vom Glauben abgefallen. Die Bekennende Kirche hatte sich ja in Dahlem 1934 eigene leitende Organe und auch Prüfungsausschüsse geschaffen. Es kam zum Konflikt. Der Rektor der Universität, Prof. Hugelmann, bestellte den Führer der BK-Studenten zu sich: „Können Sie mir mit einem Wort der Heiligen Schrift ... begründen, wieso man bei Professor Stählin nicht mehr Homiletik hören kann?", fragte er. Die Antwort lautete: „Jawohl, Magnifizenz, es steht geschrieben, daß man nicht Götzenopferfleisch essen darf!" Dann Hugelmann zu Stählin: „Das verstehe ich nicht, Herr Kollege, verstehen Sie das?" – Stählin verstand es auch nicht (a.a.O., S. 306).
Stählin berichtet weiter: „Viele der Kandidaten, die mit einem bemerkenswerten Kampfeseifer die Prüfung bei der ‚deutsch-christlichen' Behörde abgelehnt hatten, baten dann – im Einverständnis mit dem Präses – das gleiche Konsistorium um Anerkennung ihrer bei der BK abgelegten Prüfung, weil sie sonst keine Pfarrstelle bekommen und nicht in deren Gehaltsbezüge eingewiesen werden konnten" (a.a.O., S. 307).
In anderem Zusammenhang erläutert Stählin: „Ich mußte mich also als Angeklagter fühlen, der sich vor dem Forum der selbstsicheren BK-Theologie zu rechtfertigen hat ..." (a.a.O., S. 456).
Die Spannung spiegelt sich auch heute noch im Nachwort E. Bethges zu den Brautbriefen, S. 301, wo E. Bethge aus seiner Sicht der B.K. schreibt: „... ich denke an Briefteile, die ein aufschlußreicher Beitrag sind zum Problem der ‚Berneuchener' ... Hier geht die Bedeutung der Briefe weit über das Persönliche hinaus."

[27] Vgl. a.a.O., S. 404.

[28] Vgl. a.a.O., S. 434.

Schulmeinungen und daß sie sich „nach dem Zusammenbruch die Neuordnung der Kirche nur als ihre eigene ‚Machtergreifung' vorstellen konnte"[29].

All diese Spannungen bestanden, theoretisch und prinzipiell gesehen, auch zwischen dem Berneuchener Hans v. Wedemeyer und dem B.K.-Mann Dietrich Bonhoeffer. Doch beide waren keine Prinzipienreiter, sondern lebendige Menschen mit einer eigenen persönlichen Frömmigkeit. Rückblickend mußte sich Bonhoeffer auch über seine Bekennende Kirche beklagen: „Eintreten für die ‚Sache' der Kirche etc., aber wenig persönlicher Christusglaube ... Kirche in der Selbstverteidigung. Kein Wagnis für andere."[30]

Eine überraschende Verbindung zwischen Berneuchener Geist und Bekennender Kirche öffnet sich im Blick auf das Finkenwalder Seminar, freilich ganz auf die Praxis bezogen. Dietrich Bonhoeffer hatte sich offenbar nach der „Braunen Synode" vom 5.9.1933, auf der u.a. beschlossen worden war, Nichtarier künftig nicht mehr in den Kirchendienst aufzunehmen, an Wilhelm Stählin gewandt. Bonhoeffer muß in der kritischen Lage die Frage nach der Sammlung kirchlicher Kräfte gestellt haben. Sein Brief ist verloren gegangen, Stählins Antwort ist uns erhalten. Letzterer lud Bonhoeffer zum Berneuchener Treffen, das um das Michaelsfest in Marburg stattfand, ein. Er bedrängte Bonhoeffer geradezu, zu kommen: „Der Gedanke einer klösterlichen Siedlung liegt in der Luft. Wir haben dafür sehr bestimmte Vorstellungen und Pläne ... Es ist nötig ein Ort, wo junge Theologen (ich glaube auch Nicht-Theologen) zu besonderem Einsatz in der Kirche geschult werden. In dieser Schulung sind drei Dinge wichtig: ein streng geregeltes Gemeinschaftsleben, das ganz bestimmte Formen des brüderlichen Neben- und Miteinanders herausbildet; körperliche Arbeit ... und endlich ein ebenso streng geregeltes kultisches Leben mit ganz bestimmten meditativen Übungen, die den Leuten wirklich geistliche Erfahrungen vermitteln ... Es wäre doch sehr schön, wenn Sie nun einfach in diesen Plan eintreten könnten."[31]

Damals freilich waren für Bonhoeffer die Vorbereitung des Pfarrernotbundes mit Niemöller zusammen, die Weltbundtagung in Sofia und eine eventuelle Überarbeitung des Betheler Bekenntnis-

[29] A.a.O., S. 440.
[30] WEN, S. 414.
[31] Brief vom 14.9.1933, zitiert nach: GS 6, München 1974, S. 275f.

ses vordringlicher. Er nahm nicht in Marburg teil. Doch was Stählin ausführte, klingt wie eine Beschreibung des geistlichen Lebens in Bonhoeffers späterem Finkenwalder Seminar, wie man in der Schrift „Gemeinsames Leben" nachlesen kann. Es finden sich da alle Elemente, die Stählin nannte und die bei den Berneuchenern auch eine große Rolle spielten: Das brüderliche Miteinander, geregeltes Gemeinschaftsleben, feste Formen des Gottesdienstes, Schriftmeditation, zentrale Bedeutung des Abendmahls und das Angebot der persönlichen Einzelbeichte. An Karl Barth, der sich über den „Geruch eines klösterlichen Eros und Pathos"[32] in Finkenwalde mokieren konnte, schrieb Bonhoeffer: „[Die Not des Betens ist] nicht behoben, auch durch die Bekennende Kirche nicht ... Der Vorwurf, das [nämlich: seelsorgerliche Gemeinschaft, feste Gebetszeiten] sei gesetzlich, trifft mich wirklich gar nicht. Was soll daran wirklich gesetzlich sein, daß ein Christ sich anschickt zu lernen, was beten ist, und an dieses Lernen einen guten Teil seiner Zeit setzt? Wenn mir neulich ein führender Mann der B.K. gesagt hat: ‚Für Meditation haben wir jetzt keine Zeit, die Kandidaten sollen lernen zu predigen und zu katechesieren', so ist das entweder totale Unkenntnis dessen, was ein junger Theologe heute ist, oder es ist frevelhafte Unwissenheit darüber, wie eine Predigt und Katechese entsteht. Die Fragen, die heute im Ernst von jungen Theologen an uns gestellt werden, heißen: Wie lerne ich beten? Wie lerne ich die Schrift lesen? Entweder wir können ihnen da helfen oder wir helfen überhaupt nicht. Selbstverständlich ist da wirklich gar nichts."[33]

So überschneiden sich bei Dietrich Bonhoeffer und Hans v. Wedemeyer, trotz anderen Hintergrundes, manche Linien bezüglich Frömmigkeit und Kirche. Hans v. Wedemeyers praktische Frömmigkeit zeigte sich darin, daß er als Patronatsherr die Pätziger Kirche renovierte, bevor er an die dringende Erneuerung des Gutshauses ging. Sie wurde sichtbar in seinen Hausandachten für alle auf dem Gut Tätigen; sie trat hervor in seinem kirchenpolitischen Engagement. Er war ja kein Theologe, gehörte aber zu den Mitunterzeichnern der Erklärung der „Jungreformatorischen Bewegung" vom 12.5.1933, die sich u.a. gegen die Ausschließung von

---

[32] Brief vom 14.10.1936, zitiert nach: GS 2, München 1959, S. 290.

[33] Brief vom 19.9.1936, GS 2, S. 285f.

Nichtariern aus der Kirche wandte. Von seiner Bedeutung für die Berneuchener Bewegung und seinem persönlichen Glauben wird manches in den Erinnerungen seiner Frau sichtbar.

4. Politik und Widerstand

Patronatsherr zu sein, war eine politische Aufgabe, allerdings im überschaubaren personalethischen Rahmen. Der Patron war für sein Gut und sein Dorf zuständig, er kannte nahezu jeden einzelnen Bewohner, jedem war sein Platz in diesem kleinen Kosmos zugeordnet. Die patriarchalisch-familiären Strukturen waren also über die Großfamilie hinaus ins Gemeinwesen ausgedehnt. Die Überschaubarkeit blieb dabei erhalten. Es wundert nicht, wenn manchem, der solch ständisch gegliedertes Zusammenleben noch miterlebt hat, die vergangene Situation wie eine heile Welt erscheint, auf die man sehnsuchtsvoll zurückblickt.

Hans v. Wedemeyer war aber klar, wie man aus den Erinnerungen seiner Frau ersieht, daß diese seine kleine Welt bestenfalls noch eine Insel in einem ganz anderen gesellschaftlichen Gefüge darstellte. Er hatte gelernt, in personalethischen Kategorien zu denken. Der Adel hatte für ihn den Sinn, die kleineren Zellen des Reiches, wie sie etwa ein Rittergut darstellte, personalethisch „nach oben", zum Kaiser hin zu verantworten. Nachdem das Kaiserreich zerbrochen war, so sah es Hans v. Wedemeyer, hatte der Adel seine Verankerung als Mittler zwischen „oben" und „unten" eingebüßt, er war ortlos geworden.

In der verfallenden Weimarer Republik dämmerte das „Dritte Reich" herauf. Wie der Schwiegersohn, Klaus v. Bismarck, in seinen dem Buch von Ruth v. Wedemeyer beigefügten Erinnerungen schreibt, lehnte der ostelbische Adel vor und nach 1933 mit wenigen Ausnahmen Hitler als einen demagogischen Gernegroß ab. Hitler konnte seinerseits die „Junker" wenig leiden. Bis heute aktuell an diesem Gegensatz ist, daß Moral immer auch mit Bildung, nicht mit Angelerntem, sondern mit Herzensbildung zu tun hat. Auf seiten Hitlers fehlte beides, Bildung und Verantwortung! Doch kann man die Ablehnung Hitlers durch den preußischen Adel auch als Traditionalismus erklären. Hans v. Wedemeyer jedenfalls sah weiter! Er spürte, wie v. Bismarck schreibt, daß mit Hitler eine dämonische Welt im Anmarsch war.

So ließ sich Hans v. Wedemeyer in die große Politik hineinziehen. Sein Einsatz für den „Stahlhelm“ kann noch mit rückwärts gewandten Idealen erklärt werden. Als aber sein Freund und Vorgesetzter aus dem Ersten Weltkrieg, Franz v. Papen, Reichskanzler wurde, galt es, vorausschauend zu wirken, um Hitlers Machtergreifung zu verhindern. Ab 17.11.1932 arbeitete v. Wedemeyer als v. Papens „rechte Hand“ und Berater. Nachdem Hitler am 30.1.1933 Reichskanzler und v. Papen Vizekanzler geworden war, leitete v. Wedemeyer die Reichsvizekanzlei bis Ende Mai 1933. Dann quittierte er den Dienst. Wie in Ruth v. Wedemeyers Erinnerungen geschildert wird, war er über die Machtergreifung Hitlers völlig verzweifelt. Er sah voraus, was kommen würde. Noch einmal versuchte er in der Vizekanzlei, das Schlimmste abzuwenden. Aber die Woge rollte über ihn hinweg. Franz v. Papen erwies sich als zu schwach, die Konservativen hatten Hitler unterschätzt. Hans v. Wedemeyers Stellung war auch nicht einflußreich genug, um in dieser Situation allein das Steuer noch herumreißen zu können. – Daß der Rückzug aus der großen Politik Hans v. Wedemeyer, ohne daß er es ahnte, damals wahrscheinlich das Leben gerettet hat, erfährt man mit Staunen und Erschrecken. Der Verleumdungsprozeß gegen ihn von 1936, über den Frau v. Wedemeyer schreibt, bestätigt noch einmal, mit welcher kriminellen Energie die Nationalsozialisten ans Werk gingen.

Die Zeit nach dem Ersten Weltkrieg hatte gesellschaftliche Umwälzungen mit sich gebracht, die nicht mehr allein mit konservativen Mitteln zurückverwandelt werden konnten. Darum mußte v. Papens Kabinett der Barone scheitern. Hans v. Wedemeyer war aber gegen Hitler weit weniger nachgiebig als v. Papen selbst. Er versuchte, v. Papen zu warnen, um das Schlimmste zu verhindern. Mit Franz v. Papen zusammen ist er dann politisch gescheitert. Allerdings hat v. Papen sich später weiterhin mißbrauchen lassen, während v. Wedemeyer konsequent Abstand nahm.

Nach Hitlers Machtergreifung keimte mehr und mehr die Hoffnung auf einen Putsch. Auf das Militär richteten sich dabei vor allem die Hoffnungen. Hier war auch für Hans v. Wedemeyer der Anknüpfungspunkt des Widerstandes. Nachdem Hitler den Krieg begonnen hatte, entzogen seine Anfangserfolge der Opposition die Möglichkeit des Zuschlagens. So nahm das Verhängnis seinen Lauf.

Ein schönes Denkmal setzt auch Wilhelm Stählin der Familie v. Wedemeyer in seinen Erinnerungen. Am 20. Juli 1944, dem Tag des Stauffenberg-Attentats gegen Hitler, fand auf Gut Pätzig die Hochzeit von Stählins Tochter Hildegard statt: „Wir hätten ja wirklich nicht gewußt, wo wir diese Hochzeit hätten feiern können, wenn nicht Frau von Wedemeyer in wirklich rührender Weise angeboten hätte, unserer Tochter, ihrer Haustochter, dort in ihrem Gutshause die Hochzeit auszurichten."[34] Weiter meint Stählin: „Diese Wochen auf östlichen Gütern haben mir einen unauslöschlichen Eindruck davon vermittelt, was für vortreffliche Menschen unter diesem so vielfach geschmähten ostelbischen Adel waren. Es war eine Welt, von der ich als Sproß eines kleinstädtisch-süddeutschen Bürgerhauses keine rechte Vorstellung gehabt hatte, und in die ich nun mit Bewunderung, Verehrung und Freude eintauchte. Das alles ist ja nun in den Stürmen des letzten Krieges untergegangen; und es ist mir gewiß, daß dieses Zerstörungswerk der notwendige Ausdruck der Tatsache war, daß für das Menschentum dieser Gutshäuser in der veränderten Welt kein Raum mehr war und kein Raum mehr sein sollte. Aber ich möchte auch mit diesen Zeilen einen Kranz herzlicher Verehrung und Dankbarkeit auf das Grab dieser versunkenen Welt legen."[35]

In bezug auf den Widerstand gegen Hitler kreuzten sich die Linien von Dietrich Bonhoeffers und Hans v. Wedemeyers Leben wiederum. Während aber der Schwerpunkt bei v. Wedemeyers politischer Tätigkeit darin lag, Hitler zu verhindern, lag der Schwerpunkt der Aktionen Bonhoeffers in dem Versuch, Hitler zu beseitigen.

Auch die bürgerlichen Kreise, denen Bonhoeffer angehörte, waren nicht in der Lage gewesen, Hitlers Machtergreifung zu verhindern. Gewiß waren sie teilweise gesellschaftlichen Veränderungen gegenüber aufgeschlossener (siehe Bonhoeffers Auseinandersetzung mit der sozialen Frage) und manchmal Hitler gegenüber weitsichtiger als viele Adlige. „Hitler bedeutet Krieg", stand von Anfang an in Bonhoeffers Familie fest.

In der Not selbst führten dann die Linien wieder zusammen. Für Bonhoeffer wie Hans v. Wedemeyer war der Gedanke an einen

---

[34] W. Stählin, Via vitae, S. 401.

[35] A.a.O., S. 349.

Zusammenbruch Deutschlands weit erträglicher als der Gedanke an einen Sieg des Hitler-Regimes. Während Bonhoeffer an den Putschvorbereitungen beteiligt war, bis ihm die Hände durch seine Inhaftierung gebunden wurden, gehörte Hans v. Wedemeyer zu denen, die, wie Klaus v. Bismarck schreibt, lange vor dem 20.7.1944 „von einem Widerstand gegen Hitler keine rettende Wandlung für das Vaterland mehr erhofften". Aber auch v. Wedemeyer legte nicht resignierend die Hände in den Schoß, sondern versuchte an seiner Stelle noch, für die Menschlichkeit einzutreten, wie es ihm sein Gewissen gebot, auch zum eigenen Nachteil, bis zur letzten Konsequenz. – Auf diese Zusammenhänge werden wir im Schlußabschnitt genauer eingehen.

5. Menschsein und Christsein

Dietrich Bonhoeffer und Hans v. Wedemeyer wurden in den politischen Konflikten, die sie durchlebten, von ihrem Glauben getragen. Ruth v. Wedemeyer schreibt: „Vielleicht ist in unserem Land unter den Wissenden nie so viel gebetet worden wie in jenen Jahren." Beide haben zwischen Politik und Glaube unterschieden, sie machten nicht Politik zur Glaubenssache und den Glauben zur politischen Angelegenheit. Doch sie zogen sich nicht in den unpolitischen Raum zurück. Sie handelten in allen Lebensbereichen von ihrem persönlichen Glauben her und verantworteten ihre Taten vor dem eigenen Gewissen, vor ihren Mitmenschen und vor Gott.

Beide waren in ihrer Art stattliche Persönlichkeiten, die schon durch ihre Erscheinung auf ihre Umgebung wirkten. Albrecht Schönherr berichtet über Dietrich Bonhoeffer: „... er machte eine stattliche, aber nicht elegante Figur; er hatte eine hohe, aber nicht besonders klangvolle Stimme; er formulierte etwas mühsam, keineswegs glänzend. Vielleicht war es das, daß man in ihm einem ganz einheitlichen, ja im Sinne von Matth. 6,22 ‚einfältigen' Menschen begegnete. Ich habe nie etwas Minderwertiges, Zuchtloses, Gemeines an ihm entdeckt. Er konnte locker sein, aber er ließ sich nie gehen. Nach solchem Leben aus einem Guß, nach solchem Vorbild sehnt sich der junge Mensch. Bonhoeffer hat es verabscheut,

Menschen an sich zu binden; vielleicht zog es gerade darum so viele zu ihm hin."[36]

Unterschiedlich, wie auch in ihrer theologischen Haltung, umspielte Hans v. Wedemeyer, den Berneuchener und leidenschaftlichen Jäger, das Romantische; Dietrich Bonhoeffer, der Kirchenmann und dialektische Theologe, repräsentierte Kraft und Zucht. „Ganze Menschen" waren beide.

Aber was heißt „ganz sein"? Ein Mensch kann immer nur darum ringen, sich dies je neu im Glauben schenken zu lassen. Dietrich Bonhoeffers Gedicht „Wer bin ich?", in dem sich seine innere Zerrissenheit während der Haft spiegelt, spricht aus, daß ein Mensch sich die Einheit zuletzt immer nur von Gott geben lassen kann: „Wer bin ich? Einsames Fragen treibt mit mir Spott. Wer ich auch bin, Du kennst mich, Dein bin ich, o Gott!"[37]

Als Persönlichkeit hat Hans v. Wedemeyer seine Kinder stark geprägt.[38] Das zeigt sich gerade in manchen Briefen der Kinder nach seinem Tod. So schrieb Maximilian, der nur zwei Monate nach seinem Vater fiel, an Maria: „Von welcher Seite Vater die Sache in diesem Fall gesehen hätte, weiß ich ganz bestimmt. Vielleicht hätte er etwa so gemeint: ‚Man muß solche Dinge mit sich allein durchkämpfen. Es bleiben einem nur wenige Dinge, zu denen man sich halten kann. Darunter ist eins bestimmt ein Gebet. Anders kann man sicher zu keiner Lösung kommen.' Wer seinen Trost in Phrasen sucht ‚Er fiel fürs Vaterland', wird ihn nicht finden."

An dieser Stelle ist im einzelnen auf Dietrich Bonhoeffers Beziehung zu Maria einzugehen. Gewiß hat sie neue Seiten in ihm geweckt. Bonhoeffer war ein sehr starker, leidenschaftlicher und zugleich sehr zuchtvoller, selbstbeherrschter Mann. Maria eröffnete ihm eine neue Vertrautheit und Wärme. Doch diese neue Situation konnte nicht ausgelebt werden. Die wenigen Wochen vor der Haft waren für die Verlobten schon sehr beeinträchtigt gewesen, jetzt, im Gefängnis, kam es nur zu kurzen Begegnungen in der überwachten Besucherzelle. Seinen Eltern schrieb Dietrich: „Ich habe früher bei ... Verhaftungen von Pfarrern manchmal gedacht, es

---

36 Albrecht Schönherr, Die Einfalt des Provozierten, in: Begegnungen, S. 109f.

37 WEN, S. 382.

38 Vgl. Marias Brief vom 25.9.43, Brautbriefe, S. 60: „Verzeih mir, aber was Du sagtest, und wie Du es sagtest erinnerte mich an Vater."

müsse doch für die Alleinstehenden unter ihnen am leichtesten zu ertragen sein. Damals habe ich nicht gewußt, was in der kalten Luft der Gefangenschaft die Wärme, die von der Liebe einer Frau und einer Familie ausgeht, bedeutet ...“[39] Wie schwer die Situation für Dietrich wurde, zeigt das Gedicht „Vergangenheit“: „Du gingst, geliebtes Glück und schwer geliebter Schmerz ...“[40] Die Situation spiegelt sich auch im Brief an E. Bethge vom 17.12.43: „Nun sind wir fast ein Jahr verlobt und haben uns noch nie eine Stunde allein gesehen! Ist das nicht Wahnsinn, ... wir müssen uns über Dinge unterhalten und schreiben, die uns beiden im Grunde nicht wichtig sind, wir sitzen alle Monate brav wie auf der Schulbank nebeneinander und werden wieder auseinandergerissen; wir wissen so gut wie nichts voneinander, haben nichts miteinander erlebt, denn auch diese Monate erleben wir ja getrennt. Maria hält mich für einen Ausbund an Tugend, Musterhaftigkeit und Christlichkeit und ich muß, um ihr Beruhigung zu verschaffen, Briefe schreiben wie ein alter Märtyrer, und ihr Bild von mir wird dadurch immer falscher. Ist das nicht für sie eine unmögliche Situation? Dabei hält sie mit einer so großartigen Selbstverständlichkeit durch.“[41]

Auch Maria war eine lebhafte, leidenschaftliche Person, als Kind voll frecher Einfälle. Maximilian schrieb besorgt nach der Nachricht von Vaters Tod am 5.9.1942: „Nur wenn ich an die liebe Maria denke mit ihrer großen Leidenschaftlichkeit und starken Empfindsamkeit – wie wird es ihr ergehen?“ – Und wiederholt am 26.9.1942: „Nur um Maria sorge ich mich immer wieder. Sie schreibt mir heute so fassungslos.“

Maria wuchs dann sehr bald an und mit den Aufgaben, die bei anderen ihres Alters weit über die Kräfte gegangen wären: Wiederholt mußte sie hören, auch aus Berneuchener Kreisen, ob denn ihre Verlobung mit Bonhoeffer das Richtige wäre. Aber sie hielt in Treue fest.

Die Brautbriefe geben darüber genaue Auskunft. Als Maria an einer Berneuchener Feier der Osterwoche 1944 auf Schloß Bundorf teilnahm, wo sie seit Februar 1944 als Erzieherin bei ihrer

---

39 WEN, S. 87.

40 WEN, S. 351ff.

41 Zitiert nach: E. Bethge, D.B., S. 938.

Cousine, Hedwig v. Truchseß, lebte, ließ sich W. Stählin auf Grund der dargestellten Spannungen zwischen Berneuchener Bewegung und Bekennender Kirche zu dem Satz hinreißen, Maria halte es nicht durch, daß sie sich nun zwischen ihrem – übrigens bereits verstorbenen – Vater und ihrem Verlobten entscheiden müsse.[42] – Stählin urteilte zweifellos vom theologischen Prinzip und seinen unguten Erfahrungen mit einzelnen Vertretern der Bekennenden Kirche her. Man muß aber auch sehen, daß er Maria gerade nicht an die Berneuchener binden, sondern von Bundorf wegschicken und damit freigeben wollte. Das war durchaus seelsorgerlich gedacht. Maria hingegen beharrte auf ihrer Sicht. An Dietrich schrieb sie: „Ich bin doch zu sehr Vaters Tochter, um an Gottesdiensten dieser Art [Berneuchener Prägung] vorbeigehen zu können. Irgendwo in der Bibel steht einmal, daß man mit ‚Herz und Nieren' dabei sein müßte, ... in diesen Ostertagen hab ich zum ersten Mal gespürt, daß man wirklich mit dem ganzen Menschen dabei sein muß ..., daß die Hände und die Füße und alles mitsingen können."[43] Sie weigerte sich, die Alternative „Vater oder Bräutigam" anzuerkennen: „Im selben Augenblick aber wußte ich auch, daß das einfach nicht wahr ist ... Denk mal, mir ist sowohl eine rosa Mitgliedskarte [Bekennende Kirche], wie ein weißer Verpflichtungsschein [Michaelsbruderschaft?] zuwider ... Ich möchte wohl alle Richtungen und Wege kennen, damit ich meinen Weg finden kann ..."[44] Bonhoeffer bestätigte ihr: „... zwischen Deinem Vater und mir brauchst Du nicht zu entscheiden ... Ich glaube zuversichtlich, daß Vater und ich sich immer als christliche Brüder betrachtet hätten; ... wir wären gewiß beide ganz offen gewesen, beim anderen zu lernen und hätten einander in der Erkenntnis Christi und in der Liebe zu ihm nur helfen wollen. Und nun gar in dieser Zeit, in der es nicht um christliche ‚Meinungen', sondern um die Entscheidung für oder gegen Christus überhaupt geht."[45] Bonhoeffer meinte, Stählin ziehe die theologischen Fragen zu sehr ins Persönliche, gestand aber ein: „... es muß auf großer Verbitterung gegen die Bekennende Kirche beruhen, woran die B.K. allerdings vielleicht selbst mit schuld ist, allerdings nur in ihren unrei-

[42] Vgl. Brautbriefe, S. 174.

[43] A.a.O., S. 173.

[44] A.a.O., S. 174.

[45] A.a.O., S. 175.

fen Vertretern."[46] Im Anschluß daran gab Bonhoeffer jedoch auch seiner Meinung Ausdruck, daß die Berneuchener den Glauben zu sehr an Stilmäßiges und Geschmacksfragen binden. Er selbst wollte solche Elemente relativieren und „Christus ohne menschliche Zutaten" verkündigen. Er mußte aber zugestehen, daß dies nicht in Reinform möglich sei, und meinte einlenkend: „Wir wollen Christus gehorchen und gehören, sonst niemandem."[47]

Im Januar 1945 führte Maria, als erst 20jähriges Mädchen, in eigener Verantwortung den Flüchtlingstreck mit ihren drei jüngeren Geschwistern und etwa sieben Erwachsenen über die Oder. Die Mutter berichtet: „Sie zeichnete mir mit ihrer Hand ein Kreuz auf die Stirn, stieg wortlos am Kutscher vorbei auf den Wagen, und augenblicklich zogen die Pferde an." – Nach Kriegsende war sie dann mit dem Fahrrad unterwegs und suchte vergeblich nach ihrem Verlobten Dietrich Bonhoeffer, der in den letzten Kriegstagen im Konzentrationslager Flossenbürg umgebracht worden war.

Dietrich Bonhoeffers in „Widerstand und Ergebung" veröffentlichte Briefe aus der Haft würden gewiß den Leser nicht so unmittelbar ansprechen, nicht so viele menschliche Seiten und Dimensionen anklingen lassen, wenn die Liebe zwischen ihm und Maria nicht gewesen wäre. Diese Liebe führte Bonhoeffer im Zusammenhang theologischer Beschäftigung zum Hohen Lied. Das Christliche besteht, so führt er aus, nicht in der Temperierung der Leidenschaften. Wo der cantus firmus, die Christusbeziehung, durchgehalten wird, da kann sich der Kontrapunkt, die irdische Liebe, um so kraftvoller entfalten. Dabei kann man eben nicht alles gleichzeitig haben: „... daß ein Mensch in den Armen seiner Frau sich nach dem Jenseits sehnen soll, das ist milde gesagt eine Geschmacklosigkeit und jedenfalls nicht Gottes Wille. Man soll Gott in dem finden und lieben, was er uns gerade gibt ..."[48] Als Christen leben wir in verschiedenen Dimensionen, „wir beherbergen gewissermaßen Gott und die ganze Welt in uns"[49], wobei Christus die „Mitte des Lebens"[50] bildet. Im Brief vom Tag nach dem mißratenen Putsch am 20.7.1944 faßt Bonhoeffer zusammen:

---

[46] Ebd.

[47] A.a.O., S. 176.

[48] WEN, S. 189.

[49] WEN, S. 340.

[50] WEN, S. 341.

„Ich habe in den letzten Jahren mehr und mehr die tiefe Diesseitigkeit des Christentums kennen und verstehen gelernt; … und das nenne ich Diesseitigkeit, nämlich in der Fülle der Aufgaben, Fragen, Erfolge und Mißerfolge, Erfahrungen und Ratlosigkeiten leben –, dann wirft man sich Gott ganz in die Arme … und so wird man ein Mensch, ein Christ."[51]

Was Dietrich Bonhoeffer in der „Ethik" theoretisch beschrieben hatte, die Erschließung des „Natürlichen" von Christus her[52], gewinnt in „Widerstand und Ergebung" existentielle Gestalt. Es wäre in der Tat einmal einer genaueren Untersuchung wert, inwieweit die sogenannte „neue Theologie" Bonhoeffers in „Widerstand und Ergebung" von der Liebesbeziehung zu Maria geprägt ist. Für den, der ihn kennt, sagt Bonhoeffer nicht viel Neues, aber er sagt es anders! Ist es bloßer Zufall, daß der Brief, in dem seine grundlegenden Ausführungen über die „Diesseitigkeit" des Christentums beginnen, eingeleitet ist mit: „Eben war Maria bei mir"[53]?

Hans v. Wedemeyer und Dietrich Bonhoeffer waren je in ihrer Art „ganze" Menschen, deren Menschsein getragen war von ihrem Christsein und deren Christsein nicht in Gegensatz trat zu ihrer Menschlichkeit, sondern diese zur Entfaltung brachte. Nicht eine „platte und banale Diesseitigkeit" gewinnt auf diese Weise Gestalt, sondern „die tiefe Diesseitigkeit, die voller Zucht ist, und in der die Erkenntnis des Todes und der Auferstehung immer gegenwärtig ist"[54]. Dieser Polyphonie eines ganzheitlichen christlichen Lebens gibt auch der in Ruth v. Wedemeyers Buch abgedruckte Brief Dietrichs vom 10.4.1944 an seine Schwiegermutter Ausdruck: „Auch ich will mit Maria diesen Weg gehen, ganz bereit für das Letzte, für die Ewigkeit und doch ganz gegenwärtig für die

[51] WEN, S. 401 f.

[52] Vgl. Dietrich Bonhoeffer, Ethik (Hrsg. E. Bethge), München 1963^6, S. 152ff.

[53] WEN, S. 368, Brief vom 27.6.44. Am 4.4.44 hatte Maria geschrieben: „Ich mag es überhaupt nicht, wenn man das geistliche und das weltliche Glück und Liebhaben und die Freude so sehr als zweierlei ansieht. Für mich ist das immer eins gewesen. Vielleicht liegt das daran, daß ich eben zu weltlich bin" (Brautbriefe, S. 163). Mit Bonhoeffers Brief vom 30.4.44 an Eberhard Bethge (WEN, S. 303) lassen manche Autoren Bonhoeffers „neue Theologie" beginnen.

[54] WEN, S. 401.

Aufgaben, für die Schönheiten und für die Nöte dieser Erde. Nur auf diesem Weg können wir miteinander ganz froh und ganz ruhig werden."[55]

6. Die Kosten tragen

Für Menschen wie Hans v. Wedemeyer und Dietrich Bonhoeffer war es klar, daß ihre Herkunft ihnen in erster Linie nicht Privileg, sondern Verpflichtung bedeutete. Nicht auf Kosten anderer zu leben, sondern die Kosten zu tragen für andere, das sahen sie als ihre Aufgabe an. In ihrer Zeit wurden sie verstrickt in Deutschlands Schuld und Geschick. Sie haben sich der Verantwortung nicht entzogen; beide nahmen an der Widerstandsbewegung gegen Hitler teil. Jeder mußte dabei Konfliktsituationen eigener Art mit all ihren Zweideutigkeiten durchstehen. Warum hat sich Hans v. Wedemeyer durch v. Papen rufen lassen? Gewiß nicht, weil er sich davon persönliche Vorteile versprechen konnte! Schließlich schied er aus dem Amt. Die Zweideutigkeit besteht darin, daß dieses Stück Verantwortung von außen her auch als Kollaboration und Wegbereitung für Hitler mißdeutet werden kann.

Nach dem mißglückten Attentat auf Hitler vom 20.7.1944 hatte Ruth v. Wedemeyer in Pätzig peinliche Hausdurchsuchungen und Verhöre zu bestehen. Sie schreibt: „Es ist uns heute noch wie ein Wunder, daß die Gestapo offensichtlich nicht durchschaute, daß mit unserem Haus viele politisch gefährdete oder bereits gefangene oder umgekommene Personen aufs engste verknüpft waren. Außer den beiden Brüdern Tresckow und Schlabrendorff waren es mehrere belastete Nachbarn, Dietrich Bonhoeffer, Hans-Jürgen Kleist-Retzow, Kleist-Schmenzin usw."

Warum aber hat sich Hans v. Wedemeyer im Sommer 1942 aus der sicheren Etappe heraus an die Front gemeldet? War es Verzweiflung angesichts der untergehenden Heimat östlich der Oder? Maximilian, der ja nur wenig später selbst fiel, zeigt, daß eine oberflächliche Antwort sicher falsch ist. In seinem Brief an Maria vom 28.9.1942 wird deutlich, daß im Wedemeyerschen Hause solche Phrasen wie „Heldentod", „gefallen fürs Vaterland", „gefallen für

---

[55] In Auszügen auch abgedruckt WEN, S. 276f.

die Lieben zu Hause" längst nicht mehr galten: „Ja, wir kämpfen für die Heimat, und wir nehmen die Möglichkeit in Kauf, daß wir fallen können. Aber deshalb fallen wir doch nicht für die Lieben zu Hause – für die Freundlichkeit würden sich die Lieben wahrscheinlich schön bedanken."

Zwei Deutungen werden in Ruth v. Wedemeyers Erinnerungen gegeben. Klaus v. Bismarck meint: „Daß sich Hans von Wedemeyer aus der Kamarilla-Welt eines großen Stabes an die Front meldete und dort fiel, ist für mich kein Rätsel. Er folgte seinem Instinkt, der ihn vor dem unausweichlichen Ende in eine Solidarität mit den Männern an der Front trieb, die die von Hitler und seinen Anhängern in der Wehrmacht eingebrockte Suppe auslöffeln mußten. Seine letzten Briefe an mich waren fragend und horchend, weit ab von der Haltung des trotzig-stolzen Widerstandes eines völlig in seiner Welt befangenen Konservativen." – Eine andere Deutung gibt Hans-Jürgen v. Kleist-Retzow: „Es will mir scheinen, daß bei seiner Einstellung und Haltung nichts natürlicher für seine Meldung an die Front gewesen ist, als der Grund, er wolle im Moment des Umsturzes als Kommandeur eine Truppe in der Hand haben, um sie im Sinne der Widerstandskämpfer einzusetzen. Damit rundet sich die Erfüllung seines Lebens ..."

Hinzu kommt die Einschätzung seiner Frau: „Wir müssen uns hier einmal klarmachen, daß Hans die Feindlage genau kannte und daß er wußte, wir konnten den Krieg in keinem Fall mehr gewinnen. Er erwartete den baldigen Zusammenbruch der Front ... Ja, er wußte auch, daß jeder, der das Vaterland verantwortlich liebte, den Sieg letztlich nicht wünschen durfte ... In dieser Frontsituation konnte es für ihn nichts anderes geben als den Menschen, die ihm zugeordnet waren, zu dienen ..."[56]

So müssen unterschiedliche Deutungen nebeneinander stehen bleiben. In jedem Fall gilt, daß Hans v. Wedemeyer nicht in einer Konfliktsituation billig auf Kosten anderer davonkommen wollte, sondern seinerseits die Kosten in Verantwortung für andere auf sich nahm.

---

[56] Entsprechend urteilt v. Stahlberg in seinen Lebenserinnerungen „Die verdammte Pflicht", S. 37f. Demnach glaubte Hans v. Wedemeyer, der Zusammenbruch Deutschlands müsse zuerst kommen, bevor ein wirklicher Neuanfang für Deutschland möglich sei.

Dietrich Bonhoeffer ging im Rahmen des Widerstandes gegen Hitler einen ganz anderen Weg. Durch seine Verbindungen mit der militärischen Abwehr über seinen Schwager Hans v. Dohnanyi erreichte er die Freistellung vom Kriegsdienst. Seine kirchlich-ökumenischen Beziehungen nutzte er für konspirative Kontakte zu den Alliierten, um der Widerstandsbewegung freien Rücken zum Zuschlagen gegen Hitler zu verschaffen. Auch Bonhoeffer befand sich damit in einer zweideutigen Situation. Nach außen mußte er vielen als Gehilfe des Systems erscheinen, der sich dazu noch billig vor dem Kriegsdienst drückte. Nach dem Kriege hätten er und seine Mitverschwörer aus der militärischen Abwehr sich Entnazifizierungsverfahren unterziehen müssen.

Hans v. Wedemeyer fiel an der Front, Dietrich Bonhoeffer wurde im Konzentrationslager ermordet. Beide verantworteten den Konflikt auf ihre Weise. Sie zogen sich nicht leicht aus der Affäre. Sie waren bereit, die Kosten auch fremder Schuld zu tragen. Die letzten Motive eines Menschen kann niemand ergründen, oft nicht einmal der Betreffende selbst. Der Tod jedoch schafft Eindeutigkeit, wenn Leben für andere hingegeben wurde. Diese Männer setzten ihre Privilegien aufs Spiel. Sie schonten ihr Leben nicht. Zuletzt gaben sie es ganz bewußt in Gottes Hand.[57]

Wir leben heute in einer anderen Situation. Man kann die Blätter der Erinnerungen Ruth v. Wedemeyers an ihren Mann wie ein buntes Bilderbuch aus längst vergangenen Zeiten aufschlagen. Aber dann wäre der Sinn dieser Erinnerungen nicht erfüllt.

---

57 Etwas zu sehr vereinfacht hat Dietrich Bonhoeffer Maria die Zusammenhänge und verschiedenen Handlungen der Familienmitglieder bei einem der ersten Zusammentreffen nach Hans v. Wedemeyers Tod erklärt. Maria notierte in ihr Tagebuch (Brautbriefe S. 273): „Er sagte, bei uns beruhe es auf Tradition, daß die Jungen sich freiwillig als Soldaten stellten und auch ihr Leben ließen für eine Sache, die sie möglicherweise gar nicht bejahten. Es müsse aber auch Menschen geben, die nur nach ihrer Überzeugung kämpfen könnten. Bejahten sie den Kriegsgrund, dann gut. Sei dies aber nicht der Fall, so könnten sie dem Vaterland am besten mit einem Wirken an der inneren Front, vielleicht auch mit einem Wirken gegen das Regime nützen.“ Bonhoeffer hat damit seine eigene Situation bündig erklärt. Aber Hans v. Wedemeyer wurde er so nicht gerecht. Maria hat das gespürt. Sie notierte (ebd.): „Aber ist es nicht grausam, wenn ich an meinen Vater denke?“ – Es waren ja auch Marias Verwandte Henning v. Tresckow und Fabian v. Schlabrendorff unter denen, die ein Attentat auf Hitler vorbereiteten!

Die Zeit der patriarchalischen Ordnung, auf Grund derer ein einzelner die Verantwortung, je nach Position, für einen kleineren oder größeren Kreis von Menschen in Politik und Staatswesen unmittelbar persönlich trug, ist vorbei. Die Welt von Pätzig ersteht nicht wieder! Politische Verantwortung wird heute vor allem durch Gestaltung von Strukturen wahrgenommen. Was also bleibt?

Wir lernen an diesen exemplarischen Lebensläufen ein Doppeltes: Es gilt, gegen totalitäre Unrechtssysteme bis hin zum Wagnis des persönlichen Lebenseinsatzes Widerstand zu leisten. Auch dann, wenn die Situation aussichtslos erscheint, und selbst im Falle äußeren Scheiterns ist ein solcher Einsatz nicht sinnlos. Denn die letzte verantwortliche Frage lautet, wie Dietrich Bonhoeffer formulierte, nicht, „wie ich mich heroisch aus der Affäre ziehe, sondern wie eine kommende Generation weiterleben soll."[58] – Andererseits gilt die Tatsache, daß selbst beste Strukturen nicht zum Guten führen, wenn nicht Menschen bereit sind, persönliche Verantwortung zu übernehmen und die Nachteile, die daraus erwachsen, notfalls auch für andere mitzutragen. Wir brauchen heute nötiger denn je solche Menschen, die, wie Bonhoeffer sagt, „nur von Gottes Gebot" und dem „Glauben getragen" in den „Sturm des Geschehens"[59] treten. Das Ringen um Orientierung und die persönlichen Werte darf dabei nicht aufhören, wie es Ruth v. Wedemeyer schildert: „In dieser von ihrem Untergang bedrohten und darum in gewissem Sinne besonders lebendigen Zeit riß das Forschen nach der Rangordnung der Werte in Hans' Gegenwart kaum ab ... Wo lief der ‚rote Faden', der alle Qualität letztlich bestimmte? Wie sah unsere Verantwortung aus? Wofür lohnte es sich notfalls zu sterben? Mußte man überhaupt für etwas sterben? Wo hatte der Gehorsam seine Grenzen? Wo mußte der Widerstand beginnen ...?"

Dietrich Bonhoeffer stellte die Frage, ob wir in einer Zeit der kolossalen Organisationen und übergreifenden Kollektivgebilde einer neuen Auslese der Besten, also einer aristokratischen Ordnung entgegengehen oder einer Gleichförmigkeit aller äußeren und inneren Lebensbedingungen der Menschen. Er meinte: „Mitten in einer sehr weitgehenden Angleichung der materiellen und

---

[58] WEN, S. 16.
[59] WEN, S. 403.

ideellen Lebensbedingungen unter den Menschen könnte das heute quer durch alle sozialen Schichten hindurchgehende Qualitätsgefühl für die menschlichen Werte der Gerechtigkeit, der Leistung und der Tapferkeit eine neue Auslese von solchen schaffen, denen auch das Recht auf starke Führung zugebilligt wird."[60] Das freilich wäre ein neuer Adel, nicht ein Adel der Abstammung, sondern ein Adel des Menschseins! „Wer hält stand?" fragte er angesichts der großen Maskerade des Bösen. Und er antwortete: „Allein der, dem nicht seine Vernunft, sein Prinzip, sein Gewissen, seine Freiheit, seine Tugend der letzte Maßstab ist, sondern der dies alles zu opfern bereit ist, wenn er im Glauben und in alleiniger Bindung an Gott zu gehorsamer und verantwortlicher Tat gerufen ist, der Verantwortliche, dessen Leben nichts sein will als eine Antwort auf Gottes Frage und Ruf."[61]

Im Blick auf die Lebensgeschichten Dietrich Bonhoeffers und Hans v. Wedemeyers lautet, bei aller Unterschiedlichkeit der Situation, die gemeinsame Herausforderung an die Christen und die christliche Gemeinde der Gegenwart nicht anders als damals, nämlich den Rückzug in „hinterweltlerische" Privatfrömmigkeit ebenso zu vermeiden wie den bloß „säkularistischen" politischen Aktivismus. Vielmehr gilt es, persönliche Frömmigkeit und politisches Handeln in rechter Weise zu verbinden. Dabei bleibt der Glaube stets die Grundlage, die politische Aktion ist nur das „Vorletzte". Es gibt keine Garantie für den Erfolg, auch nicht für Aktionen, die aus Motiven des Glaubens geschehen. Darum kann das Wagnis des persönlichen Einsatzes nicht übersprungen werden. Für beides stehen Dietrich Bonhoeffer und Hans v. Wedemeyer als Vorbilder.

In Dietrich Bonhoeffers Braut jedoch, Maria v. Wedemeyer, begegnen wir einem damals noch jungen Menschen, der in großer Verantwortlichkeit und erstaunlicher Selbständigkeit die Traditionen des Adels- und Bürgerhauses zu verbinden suchte, um darüber hinaus seinen eigenen Weg in die Zukunft zu finden und zu gestalten.

---

[60] WEN, S. 327.
[61] WEN, S. 14.

Jørgen Glenthøj

Zwei neue Zeugnisse von der Ermordung Dietrich Bonhoeffers

1. A.S. Payne Best an George K.A. Bell[1]

Captain S. Payne Best
Gidleigh Park Bungalow,
Chagford, Devon. 17.IX.46

My Lord,

During March – April 1945 I was in Buchenwald confined in the same prison as a young German clergyman named Bonnhöfer. We became friends during this period and as the survival of any of us seemed at that time doubtful, he asked me, should I be lucky enough to return home, to communicate with your Lordship and assure you of his deep regard and his unswerving adherence to the christian principles of universal brotherhood which he shared with you.

At the beginning of April we were all evacuated from Buchenwald and taken to a village in the Bavarian Forest called Schöneberg where twelve of us including two women were confined in a single room of the local school.

On Sunday 7th April, just after Bonnhöfer had concluded a service in which he had made a most moving address, two men of the Sicherheitsdienst took him away. As I subsequently learnt, he was taken to Flossenburg and there executed by hanging. With him died general Oster and von Rabenau and Admiral Canaris.

I know that I am tardy with my message but on my return to England I found a spirit of such hatred of all things German, that I hesitated to deliver it.

I have the honour to remain
your Lordships obedient servant S.P. Best

[1] Lambeth Palace Library Bell Papers vol. 42. Typoskript; Briefkopf: „Woodcott, OKR Hampton“. Orthographie und Zeichensetzung sind leicht korrigiert, Eigennamen i.d.R. in der Originalschreibweise beibehalten.

2. George K.A. Bell an S. Payne Best[2]

18th September, 1946

Dear Sir,

In the absence of the Bishop of Chichester in Norway, I write to thank you for your letter of 17th September in which you tell him about your experiences in Buchenwald, and your friendship with pastor Dietrich Bonhoeffer. I know the Bishop will be very grateful to you for having written in this way.

Yours faithfully,

Private Secretary.

3. George K.A. Bell an S. Payne Best[3]

Captain S.P. Best, c/o Hutchinson & Co.

21st September, 1953

Dear Captain Best,

Some eight years ago, when you came back from Germany, you wrote to me about Dietrich Bonhoeffer, and a message you had for me from him. I don't know whether the message was a particular, precise one – or a message of general remembrance and affection; but if the former, I should be most thankful to meet you, and hear it from you, if you are ever in town, or in these parts.

In the meantime, you may have seen a book by him which has just been published – *Letters and Papers from Prison,* edited by his kinsman Eberhard Betge.

It may be that you have been sent a copy of this book by the publisher, but if not, may I send you one myself?

With all kind regards,

Yours sincerely

[2] Lambeth Palace Library, Bell Papers vol. 42. Durchschlag.

[3] Lambeth Palace Library, Bell Papers vol. 42, document 150. Durchschlag.

4. S. Payne Best an George G.K. Bell[4]

23rd September, 1953

My Lord Bishop,

I am happy to have your personal reply to my letter of 17th September 1946 for, when I heard nothing further after your Private Secretary's acknowledgement during your absence in Norway, I could only conclude that my letter had escaped your attention after your return. I have no copy of this letter in my files and believe that I sent it to Bonhöffer's sister, Mrs. Treibholz [= Leibholz] who lives in Oxford. I knew, however, that in this letter I gave you Dietrich Bonhöffer's last message, certainly the last words he spoke to a friend before his execution, as nearly possible as I could remember them, in his own words. It was a moment of fearful urgency with the S.D. thug at the door calling to him to hurry, when Bonhöffer, taking me aside and speaking with intense earnestness, gave me his last message to you. I remember that the thought flashed through my mind, that perhaps the message was a prearranged code which only you would understand.

My association with Dietrich Bonhöffer and his cell-mate at Buchenwald, General von Rabenau was closer than that of any other member of our party since nearly all the others were Roman Catholics, and Squadron Leader Falconer, the only other Englishman, had but little German. I had many long talks with both men when your name was often mentioned in terms of great admiration and affection. Bonhöffer was a man of such superlative fine quality that I shall always be proud of the fact that he looked upon me as a friend and you will understand that I should esteem it a great honour to meet you. Unfortunately, I seldom risit town nor am I often in Sussex though a fortnight ago I was actually in Chichester. May I perhaps let you know when fortune bring me to a more accessible region than my Dartmoor home, in the hope that we may be able to arrange a meeting?

Friends in Germany have hitherto generally sent me any publications relating to Dietrich Bonhöffer or his brother, but unfortunately, they failed to send me a copy of the book to which you refer

[4] Lambeth Palace Library, Bell Papers vol. 42, document 151. Briefkopf: „Woodcott, Throwleigh, OKR Hampton".

when it first appeared. I read your review of the English translation in last Sunday's Observer and made up my mind to order a copy, preferably of the German edition. I very greatly appreciate your generous offer to send me a copy, but of course would not think of making such a trespass on your kindness.

With kind regards, believe me,

Yours very sincerely

S. Payne Best

5. George K.A. Bell an S. Payne Best[5]

24th September, 1953

Dear Captain Best,

Very many thanks for your letter. I am afraid I never realised that you had heard nothing since my Private Secretary's acknowledgement during my absence in Norway.

I should very much like to see you. Please let me know when there is a chance of your being in or near London, or in Sussex.

Mrs. Leibholz, the twin sister, though still having I think an address in Oxford, has moved to Göttingen, where her husband is now Professor.

I have two spare copies of the English translation of *Letters and Papers from Prison,* and send you one herewith – for I should very much like you to have it. I am much touched by what you tell about Dietrich and your talks with him and General von Rabenau.

Yours very sincerely,

6. S. Payne Best an George K.A. Bell[6]

Woodacott,
Throwleigh,
OKR Hampton

24.IX.53

My dear Lord Bishop.

I am immensely grateful to you for your letter 24th just and for your most generous gift of a copy of Bonhöffer's book. I shall al-

[5] Lambeth Palace Library, Bell Papers vol. 42, document 152. Durchschlag.
[6] Lambeth Palace Library, Bell Papers vol. 42, document 153. Durchschlag.

ways value this most highly. Glancing through the introduction I am touched to see that my thumbnail sketch of Dietrich, as I knew him, is quoted in extenso. A high honour this.

Nothing would give me greater pleasure than to meet you and I will certainly give you the longest possible notice of any intention to visit your neighbourhood. Generally, when I go up to town I spend a day or two with our cousin the Bells at Cuckfield and from there, I can easily run over to Chichester.

I shall send you a signed copy of my own book „The Venlo Incident". I hope that you will honour me by accepting this.

With my kind regards

Yours sincerely

S. Payne Best

7. George K. A. Bell an S. Payne Best[7]

5 October, 1953

Dear Captain Best,

Very many thanks for your letter, and for the gift of a signed copy of „The Venlo Incident", which I am very glad to have. I have already read it with great interest – and especially, of course, those parts about Bonhoeffer.

I have found the letter which you wrote to me in September 1946, and enclose a copy. You will see that the message was short; and it was not in a pre-arranged code.

I am glad you are in touch with the Bells of Cuckfield. You must let me know when an opportunity occurs for a visit.

Yours very sincerely.

[7] Lambeth Palace Library, Bell Papers vol. 42, document 154a. Durchschlag.

8. S. Payne Best an George K.A. Bell[8]

13. October 1953

The Lord Bishop of Chichester
Tha Palace, Chichester, Hants.

My dear Lord Bishop,

A short absence from home has delayed my reply to your kind letter of 5th inst., for which my apologies.

I must also apologize to you for my failure, eight years ago, to convey to you his actual words the message which Dietrich Bonnhöfer gave me for you. As I told you, I had no copy of my original letter to you and in the course of time recollection of what I had written and on the mood in which I had written had become rather vague. Rereading the copy of my letter which you kindly sent me, these half forgotten things have sprung back to life.

As I then wrote, it was only after great hesitation that I ventured to communicate with you at all about Bonnhöfer for, since my return to England in May 1945 I had found such a hatred of all Germans and such determination that every single one must suffer for the sins of the Nazi regime that I had become most chary of expressing my own views. Although I knew of the great affection in which you were held by Bonnhöfer and other members of the Christian opposition in Germany, I also knew that you had close relations with Martin Niemöller, a man, whose character is the complete antithesis of everything for which Bonnhöfer stood. I therefore wrote you a purely factual letter believing, that if you were interested, I should have a further opportunity of communicating with you in more detail. The fact that my letter was accorded no more than a formal acknowledgement from your Private Secretary naturally gave me the impression that you were not interested.

As nearly as I can now remember, Dietrich's actual words were: – „will you give this message from me to the Bishop of Chichester, tell him that for me this is the end, but also the beginning – with him I believe in the principle of our universal Christian brother-

[8] Lambeth Palace Library, Bell Papers vol. 42. Typoskript. Woodacott, Throwleigh, OKR Hampton.

hood which rises above all national hatreds[9] and that our victory is certain – tell him too, that I have never forgotten his words at our last meeting". He gave me this message twice in the same words, holding my hand firmly in his and speaking with emotional earnestness.

I know that I was wrong not to have given you his message at once but I hope that you may understand my reluctance to risk a snub and that you will forgive my hesitation. In the brief period that we were together I learnt to love Dietrich very dearly.

Yours very sincerely

S. Payne Best[10]

---

[9] Die von Bischof Bell in seinem Göttinger Vortrag vom 15. Mai 1957 gebrachte Version des Abschiedsgrußes hat hier irrtümlich „interests" wiedergegeben. Diese ausführliche Version ist aus den angeführten Gründen nicht 1945 an Bischof Bell überliefert, sondern erst auf Bischof Bells Initiative durch die hier gebrachte Korrespondenz, vgl. E. Bethge, Dietrich Bonhoeffer, 1037 Anm. 54.

[10] Der ausführlich wiedergegebene Briefwechsel zeichnet das Bemühen von A.S. Payne Best, dem Mithäftling Bonhoeffers in Buchenwald, nach, die ihm von Bonhoeffer aufgetragenen Abschiedsworte an den Bischof von Chichester zu übermitteln. Dies geschieht schließlich im Brief vom 13. Oktober 1953, dessen zentrale Passage hier in deutscher Übersetzung angefügt sei:
„Wie ich damals schrieb, unternahm ich es nur mit großem Zögern, überhaupt mit Ihnen wegen Bonhoeffer Verbindung aufzunehmen, denn seit meiner Rückkehr nach England im Mai 1945 fand ich (in der Öffentlichkeit) einen solchen Haß gegen die Deutschen vor und eine solch entschiedene Überzeugung, jeder einzelne müsse für die Sünden des Nazi-Regimes büßen, daß ich mich sehr davor in acht nahm, meine eigenen Ansichten zum Ausdruck zu bringen. Ich wußte zwar, daß Sie bei Bonhoeffer und anderen Mitgliedern des christlichen Widerstands in Deutschland großes Ansehen genossen, wußte aber auch, daß Sie enge Verbindungen zu Martin Niemöller hatten, einem Mann, der in seinem Wesen das genaue Gegenteil all dessen verkörperte, wofür Bonhoeffer stand. So schrieb ich Ihnen einen knappen sachlichen Brief in der Annahme, ich würde, falls Sie interessiert wären, noch Gelegenheit zu einem ausführlicheren Gespräch haben. Daß mein Brief durch eine rein formale Bestätigung von Ihrem Privatsekretär beantwortet wurde, mußte mir natürlich den Eindruck vermitteln, Sie seien nicht interessiert.
Nach meiner besten Erinnerung waren dies Dietrichs genaue Worte: ‚Bitte überbringen Sie diese Nachricht von mir an den Bischof von Chichester, sagen Sie ihm, für mich ist dies das Ende, aber auch der Anfang – mit ihm

Wer war Captain S. Payne Best?

Der britische Captain Sigmund Payne Best ist der Verfasser des Buches „The Venlo Incident“, Hutchinson & Co., London 1950. Das Buch schildert seine Gefangennahme in der holländischen Grenzstadt Venlo durch Walter Schellenberg am 9. November 1939 zusammen mit dem englischen Kollegen im britischen militärischen Secret Service, Lieutenant-Colonel R.H. Stevens. Der Autor hat darin anhand von Tagebuchnotizen die Erfahrungen seines 5 Jahre langen Aufenthaltes in den deutschen KZ-Lagern Sachsenhausen, Buchenwald, Flossenbürg bis zur Befreiung durch die Amerikaner in Niedersdorf in den österreichischen Alpen festgehalten (übrigens mit dem besonderen englischen Humor).

In diesem Buch gibt Captain Best viele Personenschilderungen von seinen Mitgefangenen, darunter auch von Dietrich Bonhoeffer. In Buchenwald haben sie sich kennengelernt und waren noch am 8. April 1945 in Schönberg im Bayerischen Wald mit einer ganzen Reihe von sogenannten „prominenten“ Gefangenen zusammen. Von ihm stammt das letzte Zeugnis über Dietrich Bonhoeffer am Tage vor dessen Hinrichtung.

Über Payne Bests Fähigkeit, Beobachtungen zu machen und in Erinnerung zu behalten, gilt, daß er als Nachrichtendienstoffizier dafür professionell geschult war. Eine Analyse des Wortlautes von Dietrich Bonhoeffers Abschiedsgruß im Brief vom 13. Oktober 1953 bestätigt, daß wir hier eine treue Wiedergabe des von Dietrich Bonhoeffer mit hohem Ernst diktierten Abschiedsgrußes an Bischof Bell von Chichester vor uns haben.

Jørgen Glenthøj

---

glaube ich an den Grundsatz unserer universalen christlichen Brüderlichkeit, der über allem Haß zwischen den Völkern steht, und daß unser Sieg gewiß ist – sagen Sie ihm auch, daß ich seine Worte bei unserer letzten Begegnung nie vergessen habe.‘ Er gab mir diese Botschaft zweimal mit denselben Worten, wobei er meine Hand fest in der seinen hielt und mit großem Ernst sprach.“

B. Jørgen L.F. Mogensen
Ein Zeuge aus dem KZ-Flossenbürg

Ich bin überzeugt davon, daß die Hinrichtung der Gruppe nicht in der Form der gewöhnlichen kurzdauernden Liquidierung geschah. Zum Tode Verurteilte wurden immer einzeln getötet. Der Gefangene wurde aus seiner Zelle geholt und zum Baderaum geführt, wo er ausgezogen wurde und seine Hände auf den Rücken mit einer vorher zugeschnittenen starken Papierschnur gebunden wurden. Der nackte Gefangene wurde dann zum Ausgang in der Mitte des Gebäudes geführt und mußte dann draußen im Freien am Gebäude entlang, an den Fenstern vorbei bis zur überdeckten Hinrichtungsstelle gehen, wo das Seil über den Haken an der Mauer wartete. Die Liquidierungen konnten normalerweise, besonders bei Genickschuß, unheimlich an das Abtöten von Tieren in einer Schlachterei erinnern. Die Mitgefangenen in dem Flügel 20-40 waren durch Messen der Zeit zwischen den einzelnen Hinrichtungen imstande, zu beurteilen, ob es Abweichungen vom Normalen gab. Ich saß am kritischen Tage in Zelle Nr. 2, die viel zu weit weg war, um die begleitenden Laute der Erhängungen deutlich aufzufangen.

Es steht jedoch bestimmt fest, daß die Hinrichtungen der Mitglieder der Gruppe insgesamt ungewöhnlich lange dauerten: von etwa 6 Uhr früh bis gegen Mittag. In den Nachkriegsjahren, als die Nazi-Greueltaten noch Neuigkeitswert hatten, kursierte die Nachricht, daß Canaris an einer Klaviersaite aufgehängt wurde, um die Erdrosselung zu verlängern, die, wenn der Tod nahe war, unterbrochen, der Verurteilte zum Bewußtsein gebracht und die Strangulierung wieder aufgenommen wurde. Das Opfer wurde so gleich mehrmals getötet. Die Mitteilung von der Klaviersaite ist unrichtig. Sie war nämlich überflüssig. Ich sah an einem der folgenden Tage einen von den L-förmigen Haken, dessen langer Arm (ca. 70-75 cm) zugespitzt geschmiedet war, so daß der Arm am Ende ca. 1 cm dick war. Unter dem Gewicht einer normalen Person würde der Haken so elastisch sein, daß man bei rechter Seillänge dem Opfer möglich machte, mit den Zehenspitzen den Boden leicht zu berühren. Auf diese Weise wird die lange Dauer der Erhängung erklärt. Ich traf am Nachmittag einen von den Gefängniswärtern, der noch deutlich erregt war und der, als er mich zur

Tür hinausließ, ausrief: Es ist nur wegen dieser Generäle, daß wir den Krieg verlieren.

Die stimmungsvolle Beschreibung des Lagerarztes von der Todesstunde Bonhoeffers ist leider gänzlich ohne Wahrheitswert.[11]

Das Tor zum Gefängnishof war immer – und besonders während einer Hinrichtung – geschlossen. In dem Tor war eine Tür, die den Zugang zum Gefängnishof erlaubte. Wenn auch das Tor aus unerklärlichen Gründen gerade am kritischen Tag ganz offen gestanden haben sollte, gab es kein Barackengebäude mit Ausblick zu der Mitte des Gefängnisses. Der Arzt hätte ferner die Fähigkeit besitzen müssen, durch die Türe zum Zellenbau und durch die Türe zum Baderaum spähen zu können, um Bonhoeffer knieend zu beobachten. Der Henker hätte übrigens nie Bonhoeffer eine Unterbrechnung der normalen Prozedur erlaubt. Was die angebliche, neue Gebetspause Bonhoeffers anbelangt, bevor er den Galgen bestieg, genügt es sicherlich zu bemerken, daß es gar keinen Galgen oder Treppe dazu gab.

Ein Umstand ist denkbar, der es dem Lagerarzt ermöglicht hätte, genaue Beobachtungen von Bonhoeffers letzter Stunde zu machen; falls der Lagerarzt – wie bei früheren Gelegenheiten – in die Hinrichtungsgruppe einbezogen war. Das wäre in diesem Fall ganz logisch gewesen, da es um Wiederbelebung der Halberwürgten ging. Normalerweise waren die Aufgaben des Lagerarztes mehr banal, z.B. zu beaufsichtigen, daß den zum Tode Verurteilten etwaige Zahnkronen aus Gold herausgerissen wurden. So würde es sich auch erklären, daß der Arzt zehn Jahre wartete, um mit diesen verdrehten Auskünften hervorzutreten. Die Sache hat eine helle Seite: nämlich daß die Familie und Freunde Bonhoeffers aus dem Brief entnehmen können, daß Bonhoeffer eine so würdige Haltung einnahm, daß es selbst einen zynischen Lagerarzt beeindruckte. Man kann inbrünstig beten, ohne zu knien oder die Hände zu falten, wenn diese auf dem Rücken gebunden sind. J.L.F.M.

---

[11] Die Beschreibung des Lagerarztes H. Fischer-Hüllstrung ist abgedruckt in: W.D. Zimmermann (Hrsg.), Begegnungen mit Dietrich Bonhoeffer. Ein Almanach, München 1964, S. 192.

Der Zeuge aus Flossenbürg, Jørgen L.F. Mogensen,

steht auf der Liste der Überlebenden in Payne Bests Buch: The Venlo Incident. Er ist als dänischer Handelsattaché zunächst während des Krieges in Polen gewesen. Dort kam er in Verbindung mit der polnischen Widerstandsbewegung und endete so in Flossenbürg. Als professioneller Mitarbeiter des dänischen Nachrichtendienstes war er befreundet mit Oberst H. Lunding, dessen Skizze des Gefängnishofes und der Hinrichtungsstätte in Flossenbürg im Bildband S. 232 mit Mogensens Zeugnis übereinstimmt.[12] Seit Capri war er auch mit Josef Müller und anderen befreundet und kann sehr detailliert über Mitgefangene und Umstände berichten. Er lebt heute auf Bornholm, etwa 82 Jahre alt. Das Zeugnis ist vom örtlichen Pfarrer veranlaßt und in der hier vorliegenden Form vom Unterzeichneten erbeten worden.

Von vielen unter uns, die sich durch die Schilderung des Lagerarztes haben verführen lassen, Dietrich Bonhoeffers Märtyrertod durch eine fromme Legende zu verharmlosen, fordert dieses Zeugnis von Flossenbürg eine strenge, aber doch heilsame Selbstkorrektur. Heilsam, denn wen eine echte Gottesfurcht stumm gemacht hat, dem werden die Losungen von Dietrich Bonhoeffers letzter Andacht für seine Mitgefangenen neu geschenkt: „Durch seine Wunden sind wir geheilt" (Jes 53,5) und „Gelobet sei Gott und der Vater unseres Herrn Jesus Christus, der uns nach seiner großen Barmherzigkeit wiedergeboren hat zu einer lebendigen Hoffnung durch die Auferstehung Jesu Christi von den Toten" (1 Petr 1,3).

Åbyhøj, 28. Mai 1993
Jørgen Glenthøj

Durch das Buch von Captain S. Payne Best „The Venlo Incident" wird J.L.F. Mogensens Zeugnis bestätigt. Er hat darin die erste Version von Dietrich Bonhoeffers Abschiedsgruß an Bischof Bell veröffentlicht. Er war nicht im KZ Flossenbürg, aber er traf am 17. April 1942 im KZ Dachau Josef Müller, mit dem er schon in Buchenwald bekannt geworden war. Die beiden Passagen darüber lauten:

---

[12] E. Bethge, R. Bethge, Chr. Gremmels (Hrsg.), Dietrich Bonhoeffer – Bilder aus seinem Leben, München 1986.

‹...›

„The following day, Sunday 8th April, 1945, Pastor Bonnhöfer held a little service and spoke to us in a manner which reached the hearts of all, finding just the right words to express the spirit of our imprisonment and the thoughts and resolutions which it had brought. He had hardly finished his last prayer when the door opened and two evil-looking men in civilian clothes came in and said: ‚Prisoner Bonnhöfer. Get ready to come with us.' Those words ‚Come with us' – for all prisoners they had come to mean one thing only – the scaffold.

We bade him good-bye – he drew me aside – ‚This is the end', he said. ‚For me the beginning of life', and then he gave me a message to give, if I could, to the Bishop of Chichester, a friend to all evangelical pastors in Germany.

Next day, at Flossenberg, he was hanged." (S. 202)[13]

‹...›

‹...›

„Later in the day when I again passed along the passage to my new cell I was hailed, and to my great delight found Müller and Liedig who had just arrived from Flossenberg. Both of them looked in very bad shape, through starvation and the beatings which they had received; Müller's face in particular was bruised and puffy from blows received with a rubber truncheon – but at all events they were alive.

Neither could understand why they had not been executed, for on the 9th April there had been a regular holocaust among the

---

[13] „Am nächsten Tag, Sonntag, den 8. April 1945, hielt Pastor Bonhoeffer einen kurzen Gottesdienst und sprach auf eine Weise zu uns, die allen zu Herzen ging. Er fand genau die richtigen Worte, um der Stimmung unserer Gefangenschaft und den Gedanken und Entschlüssen, die sie mit sich gebracht hatte, Ausdruck zu verleihen. Kaum hatte er das Schlußgebet beendet, da öffnete sich die Tür und zwei übel aussehende Männer in Zivil traten ein und sagten: ‚Gefangener Bonhoeffer, fertigmachen, mitkommen.' Dieses Wort ‚Mitkommen' hatte unter den Gefangenen nur eine Bedeutung: das Schaffott.

Wir verabschiedeten uns von ihm – er nahm mich beseite – ‚Die ist das Ende', sagte er. ‚Für mich der Anfang des Lebens.' Dann gab er mir eine Nachricht, die ich, wenn ich könnte, dem Bischof von Chichester, einem Freund aller Bekenntnispfarrer in Deutschland, überbringen sollte.

Am nächsten Tag wurde er in Flossenbürg erhängt ..."

more important political prisoners at Flossenberg; our old companions Captain Gehre, General von Rabenau, and Pastor Bonnhöfer had all three been killed, and Admiral Canaris and General Oster, the two chiefs of the Army Intelligence Service, had been put to death by strangling in the cruellest possible way; besides these, hundreds of others had been liquidated. Müller and Liedig had been practically without food since they were taken out of our ‚Grüne Minna' at Weiden on the 4th April, and after the privations endured at Buchenwald were just about on the point of collapse. The day before Mrs. Rhode, who was always much concerned about my emaciation, had given me a bottle holding about a quart of cod-liver oil. I had already drunk quite a lot of it for, starved of fat as I was, it tasted like nectar. I fetched the bottle from my cell and gave it to my two friends who, drinking in turn, finished every drop in about five minutes both declaring at the end that it was the best drink they had ever had." (S. 215)[14]

---

[14] „Später an diesem Tag, als ich wieder auf dem Weg zu meiner neuen Zelle war, sprach mich jemand an, und zu meiner großen Freude stellte ich fest, daß Müller und Liedig gerade aus Flossenbürg eingetroffen waren. Beide waren in sehr schlechter Verfassung aufgrund der Unterernährung und der Mißhandlungen, die sie erfahren hatten; besonders Müllers Gesicht zeigte Platzwunden und war geschwollen von Schlägen mit dem Gummiknüppel – aber wenigstens waren sie am Leben.

Keiner von beiden konnte verstehen, warum man sie nicht hingerichtet hatte, denn am 9. April hatte ein regelrechter Holocaust unter den bedeutenderen politischen Gefangenen in Flossenbürg stattgefunden: unsere frühren Gefährten Captain Gehre, General von Rabenau und Pastor Bonhoeffer waren alle drei getötet worden, und Admiral Canaris und Genral Oster, die Leiter der Militärischen Abwehr, hatte man umgebracht, indem man sie auf denkbar grausamste Weise erhängt hatte; außer diesen waren Hunderte anderer liquidiert worden. Müller und Liedig hatten praktisch nichts gegessen, seit sie am 4. April in Weiden aus unserer ‚Grünen Minna' gestiegen waren, und nach den Entbehrungen in Buchenwald standen sie kurz vor einem Zusammenbruch. Am Tag zuvor hatte Mrs. Rhode, immer sehr besorgt wegen meiner Auszehrung, mir eine Flasche mit etwa einem Viertelliter Lebertran gegeben. Ich hatte davon schon eine ganze Menge getrunken, denn verhungert wie ich war, schmeckte er wie Nektar. Ich holte die Flasche aus meiner Zelle und gab sie meinen beiden Freunden, die abwechselnd tranken und die Flasche innerhalb von fünf Minuten bis auf den letzten Tropfen leerten und schließlich erklärten, es sei das Beste, was sie je getrunken hätten."

Ulla Brandt

Das Leben Jesu Christi ist auf dieser Erde noch nicht zu Ende gebracht

Bonhoeffers nicht-religiöse Interpretation biblischer Begriffe und unser Gemeindealltag heute

Auf meinen eigenen Füßen und mit geliehenen Flügeln werde ich versuchen, diesem Thema nachzugehen. Mein Beitrag ist entstanden im inneren und äußeren Dialog mit den Gemeindegliedern und in der Wahrnehmung der Fragen und Interessen von Seminarteilnehmern. Zunächst möchte ich eine Voraussetzung klären:

Wer ist Dietrich Bonhoeffer für mich?

Ich halte mich hier an einen meiner früheren theologischen Lehrer aus Göttingen: „Ich kenne keinen Theologen der jüngsten Zeit, der auf mich so sehr den Eindruck eines rechten Weisheitslehrers gemacht hat wie Bonhoeffer. Es ist nicht von ungefähr, daß er sich dem Alten Testament selber so nahe und verbunden weiß. Dort nämlich ist jene Weisheit, die ich hier meine. Da ist noch nicht jenes hellenische Verstehen, das hernach die Weisheit, die wir insbesondere aus der Gattung der biblischen Weisheitsliteratur kennen und die uns auch sonst im Alten Testament begegnet, mehr und mehr verdrängt und durch das ersetzt, was wir ‚Theologie' nennen. [...] Bonhoeffer hat gewiß eine Schwäche für die Theologie ... Seine ‚Stärke' aber ist die Weisheit ... Wer immer die Arbeit Bonhoeffers weitertreiben will, der sehe nur zu, daß er eine Frage, die letztlich an die Weisheit unter den Gliedern der Gemeinde gerichtet ist, nicht allzu geschäftig ‚theologisiert' und damit unfruchtbar macht."[1]

[1] G. Harbsmeier, Die „nicht-religiöse Interpretation biblischer Begriffe" bei Bonhoeffer und die Entmythologisierung, in: Die Mündige Welt, Band 2, München 1956, 89f.

Zu den theologischen Gedanken Bonhoeffers habe ich eben deshalb Zugang gefunden, weil sie sich nicht in einem Lehrgebäude manifestieren, sondern offen bleiben, zum eigenen mündigen theologischen Denken und Handeln herausfordern, das Suchen erlauben, das auch den Irrtum mit einschließt.

Über eine „nicht-religiöse Interpretation biblischer Begriffe" nachzudenken heißt, im Horizont der Welt und im Kontext von Gemeinde eine neue Sprache und eine veränderte Praxis des Glaubens zu suchen, die dem Befreiungscharakter des Evangeliums gerecht wird.

Bonhoeffer selbst blieb keine Zeit, das Projekt einer nicht-religiösen Interpretation zu entfalten, mit dem er die zukünftige Gestalt der Kirche vor Augen hatte. Der Adressat seines Projektes ist die Kirche, das Ziel gilt es noch zu klären. Ich frage zunächst: Was ist das Religiöse, von dem Bonhoeffer sich trennen will?

Vor der Neuzeit war Religion, *religio,* nur in der lateinisch sprechenden Welt bekannt. Ein Alltagswort, das eine Tugend des Menschen gegenüber Gott bezeichnete. In diesem Sinne bedeutet *religio* Gott die Ehre geben, ihm die nötige Achtung entgegenbringen. In der Neuzeit dient dieser Begriff zur Beschreibung einer anthropologischen Grundgegebenheit, die man das religiöse Apriori nennt: Der Mensch ist empfänglich für Religion, er gilt schlechthin als religiöses Wesen. So entstand eine Konkurrenzsituation zwischen dem Gedanken des religiösen Apriori und dem des Glaubens. Allmählich hat der Begriff *Religion* die Bedeutung und die Funktion von *Glauben* übernommen. Ich rede hier nicht über Religionswissenschaft oder Religionspsychologie, sondern beschreibe, was Bonhoeffer erkannt und beschrieben hat.

Im 13. Jh. begann die Entwicklung zu Autonomie und Weltlichkeit. Sie erfaßte im Lauf der Zeit auch die verschiedenen Wissenschaften, bis sie schließlich auf die Arbeitshypothese „Gott" verzichten konnten. Gott war solange brauchbar, wie man in bestimmten Erkenntnissen nicht weiterkam; er ersetzte die autonome Vernunft. Und dieser Gott nun, der deus ex machina, der Lückenbüßer, der Arbeitshypothesengott befindet sich um so stärker auf dem Rückzug, je weiter die Menschen in ihren Erkenntnissen fortschreiten. Bonhoeffer begrüßt diese Entwicklung, kritisiert aber gleichzeitig, daß parallel dazu aus christlichem Glauben Religion wurde. Und zwar eine Religion, die sich gegenüber der autonomen Welt nur durch Metaphysik und Innerlichkeit halten kann. Gott wird im Laufe der Neuzeit verdrängt in einen Bereich, der diese Welt nicht mehr oder nur noch sporadisch tangiert.

Damit wurde Religion zu einer Sonderwelt. Sie bedeutete wenig in der Welt, die mündig geworden war. Und nun traten die Apologeten auf den Plan, die das Christentum verteidigten und sagten: Wir müssen unseren Gott retten. Nach Meinung Bonhoeffers ist dies geschehen, indem metaphysische Gedankengebäude errichtet wurden und Gott somit jenseits dieser Welt angesiedelt wurde. In der Konsequenz bedeutet das, daß wir in der vorfindlichen Welt ganz gut ohne ihn auskommen, aber doch nicht ganz auf ihn verzichten wollen. So rettet man Gott in die Innerlichkeit.

Bonhoeffer war überzeugt, daß diese geschichtlich gewordene Form der Religion bzw. des religiösen Christentums fallen kann. Sie muß fallen um Christi willen. Seine Hoffnung richtete sich aktiv auf eine religionslose Zeit: „... wir gehen einer völlig religionslosen Zeit entgegen.“[2]

Anfang der dreißiger Jahre erhielt er einen Brief von einem Freund mit der Aussage: „Wir stehen am Vorabend eines letzten Abschnittes der Weltgeschichte.“[3] Er schrieb zurück, daß auch er das große Sterben des Christentums im Westen befürchte und fragte sich, ob Indien die Lösung sei, ob das Evangelium dort nicht mit ganz anderen Worten und Taten gepredigt würde. In der Tat plante Bonhoeffer wiederholt eine Reise nach Indien zu Gandhi, dessen Verhältnis zur Bergpredigt ihn beeindruckte. Er wollte eine Weile dort leben in der Hoffnung, eine neue Interpretation des Evangeliums zu erfahren. Die Zukunft des Christentums in Europa sah er eher pessimistisch. Vielleicht hatte diese Einschätzung etwas zu tun mit seiner Tätigkeit als Studentenpfarrer an der Technischen Hochschule, wo er es mit „religionslosen“ Studenten zu tun hatte. Welche Kraft hatte das Evangelium in dieser Situation, welche Worte waren angemessen? In jener Zeit fühlte sich Bonhoeffer auf den unsichtbaren Gott zurückgeworfen, was ihn in eine Zerreißprobe brachte, vor allem angesichts der Aufgabe, daß er diesen unsichtbaren Gott verkündigen sollte.

---

[2] Dietrich Bonhoeffer, Widerstand und Ergebung. Briefe und Aufzeichnungen aus der Haft, hg. von Eberhard Bethge, Neuausgabe, München 1970, 178, im folgenden WEN.

[3] Dietrich Bonhoeffer, Gesammelte Schriften, hg. von Eberhard Bethge, Band 1, 3. Auflage, München 1978, 58.

In diesem Zusammenhang denke ich an Gespräche mit Theologinnen und Theologen, die an Berufsschulen arbeiten, in einem Umfeld, in dem sie bei den Schülern keine christliche Sozialisation mehr voraussetzen können, in dem sie ständig gefordert sind, das Evangelium dem Kontext angemessen zur Sprache zu bringen.

An seinen Bruder Karl-Friedrich schrieb Bonhoeffer 1934 Ähnliches wie zuvor seinem Freund: Im Westen werde es mit dem Christentum zu Ende gehen. Jedenfalls, so schränkt er ein, mit dem Christentum in seiner bisherigen Gestalt und Interpretation.[4] Hier schon äußert er jene Gedanken, die dann in den Briefen aus der Haft als „nicht-religiöse Interpretation" wieder aufgenommen wurden.

Ich kann mir auch vorstellen, daß Bonhoeffer in diesem Zusammenhang seine eigene Biographie bedachte. In einem Brief von 1936 finden wir Aussagen darüber, wie er die Bibel entdeckte. Zusammenfassend schrieb er dem Sinne nach: Ich habe alles mögliche gemacht. Ich habe Vorlesungen gehalten, gepredigt, bin aber „kein Christ geworden". Ich habe es mir zu Nutzen gemacht. Es sollte mir dienen und nicht ich ihm. – Auch das ist ein religiöser Aspekt![5]

Dann war da noch die Geschichte mit dem Konfirmandenunterricht im Berliner Norden. Bonhoeffer sollte 50 Kinder zur Konfirmation führen, an denen sein Vorgänger gescheitert war. Er hat sich trotz anderer anstrengender Verpflichtungen ganz dieser Aufgabe gewidmet, indem er auch Raum und Zeit gab für persönliche Begegnungen. Dadurch gewann er das Vertrauen der Konfirmanden. Zu den Eltern aber bekam er kaum Zugang. Er fragte sich, ob sein Unvermögen, ein seelsorgerliches Gespräch zustandezubringen, das Ende der gegenwärtigen Christlichkeit anzeige.

Ich komme nun zu dem Versuch, nicht-religiöse Interpretationsmuster der biblischen Botschaft im Praxisfeld der Gemeinde zu suchen:

Begriffen habe ich, daß es bei der nicht-religiösen Interpretation um ein christliches Denken und Handeln geht, das das Gewand der Religion mit den Merkmalen Metaphysik, Innerlichkeit, Indi-

---

[4] Dietrich Bonhoeffer, Gesammelte Schriften, Band 2, hg. von Eberhard Bethge, München 1959, 158.

[5] Eberhard Bethge, Dietrich Bonhoeffer, Theologe – Christ – Zeitgenosse. Eine Biographie, 4. Auflage München 1978, S. 249; im folgenden DB.

vidualismus abgestreift hat; und diese Erkenntnis kommt meinem Verständnis von Christentum sehr entgegen. Was dann bleibt, ist Jesus Christus selbst: Jesus Christus ohne all diese Bemäntelungen, ohne alle Verzerrungen und falschen Verquickungen. Für mich heißt das: Ich muß in Jesus Christus bleiben. In einem biblischen Bild gesprochen: Ich muß Jesus Christus anziehen – und nichts anderes und nichts weiter.

Ein Zitat aus der „Nachfolge“ möchte dieses Bild unterstreichen und erläutern: „Gottes Bild soll im Menschen wiederhergestellt werden. Dabei geht es um ein Ganzes. Nicht daß der Mensch wieder rechte Gedanken über Gott habe, nicht daß er seine einzelnen Taten wieder unter Gottes Wort stelle, sondern daß er als Ganzheit, als lebendiges Geschöpf Gottes Bild sei, ist das Ziel und die Bestimmung. Leib, Seele und Geist, die ganze Gestalt des Menschen soll das Bild Gottes auf Erden tragen.“[6] Diese Gedanken finden sich bei Bonhoeffer immer wieder. Die Umwandlung des Menschen in Gottes Bild wird aber nur möglich, weil Gott selbst in seinem Sohn auf die Erde kam. „Nicht eine neue Idee, nicht eine bessere Religion vermöchte das Ziel zu erreichen. Es kommt ein Mensch zum Menschen. Jeder Mensch trägt ein Bild. Sein Leib und sein Leben treten sichtbar in Erscheinung ... In ihm [Jesus Christus] hat Gott sein Ebenbild auf Erden neu geschaffen.“[7] Und deshalb werden wir „in sein Ebenbild umgestaltet von Herrlichkeit zu Herrlichkeit (2Kor 3,18). Das ist die Einwohnung Jesu Christi in unseren Herzen. Das Leben Jesu Christi ist auf dieser Erde noch nicht zu Ende gebracht. Christus lebt es weiter in dem Leben seiner Nachfolger.“[8]

Es geht um ein Gestalt-Werden Jesu Christi in dieser Welt durch Nachfolge: in Jesus Christus, dem Mensch Gewordenen, anderen als Mensch begegnen und ihm in seinem Leiden folgen. Wenn Bonhoeffer davon spricht, daß wir am Leiden Gottes in dieser Welt teilnehmen müssen, dann bezieht er sich auf das Gottesknechtlied aus Jesaja 53. Wenn er es neutestamentlich ausdrückt – mit Christus den Leidensweg gehen – dann hat er die Gethsemane-Stelle vor Augen: mit Christus wachen.[9] Bleibet hier und wachet mit

[6] Dietrich Bonhoeffer, Nachfolge, 12. Auflage, München 1981, 276f, im folgenden N.

[7] N, 277f.

[8] N, 281.

[9] Vgl. WEN, 248.

mir, wachet und betet! Dies ist eine eindeutige Aufforderung zur Nachfolge und zwar im existentiellen und gemeinschaftlichen Sinn. Wenn ich mich mit dem Anspruch auseinandersetze, eine neue Interpretation des Evangeliums zu finden, dann berührt und beschäftigt mich genau dieser Vers aus dem Matthäus-Evangelium.

Was das für die Seelsorge bedeuten könnte, ist mir deutlich geworden, als ich während eines privaten Krankenhausaufenthaltes einer Frau aus der Gemeinde begegnete, deren achtjährige Tochter im Koma lag. Diese Frau würde ich im Sinne der Bonhoefferschen Charakterisierung zu den Religionslosen zählen. Ihre Kinder waren zwar getauft, aber sie selbst hatte innerlich keine Beziehung zur Kirche und ihrer Verkündigung.

Ich fragte mich: Warum muß gerade ich dieser Frau begegnen? Ich rang mit meiner Hilflosigkeit und erklärte mich – vor mir selbst – für nicht zuständig. Ich erkundigte mich aber am nächsten Tag nach dem Ergehen der Tochter, blieb so ganz im menschlich-weltlichen Bereich, der für mich durchaus von der Präsenz Gottes durchdrungen ist, was aber im konkreten Fall von einer sprachlosen Gewißheit zu einer gewissen Sprachlosigkeit führte. Vielleicht würde sich ja kein weiteres Zusammentreffen mehr ergeben …

Dann wurde mir deutlich, daß ich mich dem Leid dieser Frau und ihrer Familie nicht aussetzen wollte, weil es zum einen sehr unbequem ist und weil es von mir vor allem eines fordert: die Hoffnung – auch eine Hoffnung, die sich nach menschlichem Ermessen vielleicht nicht erfüllt. Ich hatte Angst, sie könnte von mir fordern, daß ich diese Hoffnung nun einlösen solle. Was für ein ich-bezogener Glaube wurde da offenbar, welche übersteigerten religiösen Gedanken!

Tage später fand ich „zufällig“ heraus, daß jene Frau Geburtstag hatte, was für mich zum Anlaß wurde, ihr einen Brief zu schreiben:

Liebe Frau A,
… nun fällt auch Ihr Geburstag in eine Zeit der Krise und extremen Belastung.
Seit ich Sie im Krankenhaus getroffen habe, läßt mich der Gedanke an Ihre Tochter nicht mehr los. Es ist nicht viel, was ich mit Ihnen teilen kann, aber das möchte ich Ihnen doch am Tage Ihres Geburtstages sagen, daß ich mit Ihnen klage und hoffe.

Am Sonntag muß ich über den Vers predigen „Meine Kraft ist in den Schwachen mächtig“ – ich sehe Menschen mit großem Leid vor mir, an denen sich das erfüllt hat, aber ich muß auch in jeder Not, die mir begegnet, neu darum ringen, es zu glauben.
Mögen Sie jeden Tag miteinander die nötige Kraft finden, Kraft zur Hoffnung und zur Liebe, die heil macht.

Ich habe gespürt und erkannt, was für eine große Verantwortung wir als Christen auf uns nehmen, wenn wir anderen Menschen begegnen. Die Verantwortung, von der Hoffnung zu erzählen, die in uns ist, dem Leid standzuhalten, zu wachen und zu beten. Das ist für mich ein Stück nicht-religiöser Interpretation, immer aber mit dem Hintergrund, daß ich ein Mensch bin, der ebenfalls „in der Fülle der Aufgaben, Fragen, Erfolge und Mißerfolge, Erfahrungen und Ratlosigkeiten“[10] lebt.

Ich blieb im Gespräch mit Frau A., ich ließ mich auf sie ein, versuchte zu verstehen, was sie nötig hat, ohne zu nötigen. Aus der Geborgenheit des Hauses Gottes kommend, möchte ich ihr einen neuen Raum, einen Frei-Raum schaffen, der sie entdecken läßt, was sie braucht. Dabei ist meine Überzeugung, daß Gott mitten in der Welt gegenwärtig ist. Mitten in diesem Raum der Begegnung ist Gott anwesend. Das war mein Hoffen, das war mein Gebet.

Darum geht es: Menschen dort, wo sie stehen, in ihrem Alltag, eine Möglichkeit zu geben, auszuruhen, zu sich zu kommen und dadurch Gottes Gegenwart zu erfahren.

Ich möchte ein anderes Beispiel aus dem Gemeindealltag bedenken: den Konfirmandenunterricht. Der Konfirmandenunterricht ist vielen Kolleginnen und Kollegen zur Last geworden. Auch in meinem Leben gab es eine Zeit, in der ich dachte: Um Himmels willen, was machst du da eigentlich? Diese Kinder kommen mit zwölf Jahren zu uns und haben keine Vorstellung davon, was sie erwartet, sie bringen auch keine Voraussetzungen mit, weder kirchliche Sozialisation noch biblisches Wissen. Aber ich habe mich dann gefragt, was ich eigentlich will. Denn diese Kinder kommen! Sie reagieren zu 95 Prozent positiv auf unsere Einladung. Das verblüfft mich jedes Jahr neu. Wo finde ich das denn sonst, außer bei Amtshandlungen, daß Menschen kommen, die mit Kirche und Gott wenig oder nichts zu tun haben und Zeit einbringen?

[10] WEN, 402.

Die Katechumenen sind also da. Ich kann jetzt stöhnen über deren unmögliches Benehmen und über die Unmöglichkeit, ihnen etwas vom Evangelium zu sagen, oder ich kann dankbar sein dafür, daß sie da sind und ihnen sagen: Ich möchte euch eine Zeitlang begleiten. Ich möchte etwas von euch lernen und ihr könnt etwas von mir lernen. Die einzige Voraussetzung oder Bedingung für den Konfirmandenunterricht ist Liebe zu diesen Kindern. Das klingt so banal, deswegen erwähne ich das überhaupt nicht gerne, aber es ist gar nicht so einfach, diese Liebe zu haben und zu äußern. Ich meine damit vor allem, die Kinder zu schätzen und zu achten – und wenn sie sich in unseren Augen noch so unmöglich verhalten. Sie annehmen heißt, ihnen zu vermitteln: Ich will euch nicht irgendeinen christlichen Stoff überstülpen und ihr sollt nicht irgendeine Leistung in diesen zwei Jahren bringen, sondern ihr sollt, wenn es denn glückt, etwas davon verstehen, daß Gott und Jesus Christus gegenwärtig sind und euch so lieben, wie sie mich lieben.

Der Konfirmandenunterricht ist die Folge unserer kirchlichen Kasualpraxis. Solange wir an der Kleinkindertaufe festhalten, haben wir eine Verantwortung gegenüber den getauften Kindern. Sie kommen zur Anmeldung für den Unterricht, bringen ihr Taufdatum mit, wissen aber sonst nichts damit anzufangen. Von den zunehmend religionslosen Eltern sind Aufklärung und weiterführende Hilfestellung kaum zu erwarten. Es ist mir bewußt, daß auch sie Unterstützung brauchen. Aber ich beziehe mich jetzt auf die Verantwortung der christlichen Gemeinde gegenüber den Kindern, denn die Taufe ist kein privater Akt, sondern eine Sache der Gemeinde. Wenn eine Gemeinde ihre Verantwortung nicht wahrnimmt, dann verkommt die Taufe zu einer religiösen Handlung, sie bleibt ein einmaliger beziehungsloser Akt.

Wenn sie aber zu ihrer Verantwortung steht, muß sie viel Phantasie und Engagement einsetzen, damit die Botschaft der Taufe eine Lebensbotschaft für die Kinder wird. Von Krabbelgruppen, Kindergärten über Tauferinnerungsfeiern zu Freizeitangeboten wie Kindergruppen oder Kinderbibelwochen, die übrigens ausgesprochen beliebt sind, hat eine Gemeinde viele Möglichkeiten, „die alten großen Worte christlicher Verkündigung“[11] auszulegen – ohne Berechnung, aber mit einer großen Hoffnung, Brücken des Vertrauens zu schaffen und Lebensorientierung zu vermitteln. Eine

[11] WEN, 206.

Gemeinde, die Jesus Christus anzieht, zieht auch Menschen an, für die sie sich verantwortlich weiß.

Mir ist es wichtig, die Gemeinde als Verantwortungsträger herauszustellen, denn ich bin überzeugt, daß der Weg zu einer nichtreligiösen Interpretation der biblischen Botschaft nur gemeinschaftlich, und nur auf der Arkandisziplin gründend, zu beschreiten ist. Vielleicht war es Bonhoeffer deshalb – und nicht nur aus Zeitgründen – nicht möglich, seine Gedanken zu konkretisieren, weil er im Gefängnis nicht mehr in direkter Gemeinschaft mit anderen Menschen leben konnte. Deswegen spricht er auch in den Briefen seine Sehnsucht nach Austausch der Gedanken mit anderen aus. Im Dialog, im Gespräch, im gemeinsamen Leben gewinnt das Evangelium Gestalt unter uns.

Miteinander um die rechte Gestalt ringend, werden wir lernen, für andere da zu sein. Denn „Kirche ist nur Kirche, wenn sie für andere da ist".[12] Diesen Schlüsselsatz über das Wesen von Kirche verstehe ich auf dem Hintergrund eines eindeutigen (kirchen-)politischen Ausrufes: „Nur wer für die Juden schreit, darf auch gregorianisch singen!"[13]

Gegenwärtige Erneuerungsbestrebungen in unserer Kirche möchte ich an diesem programmatischen Satz messen. Ich möchte prüfen, ob eine Reform nur binnenkirchlichen Charakter hat, ob es um Bestandswahrung geht oder ob und wie sie das Verhältnis von Kirche und Welt in den Blick bekommt. Kirche steht der Welt nicht gegenüber, sondern ist Teil von ihr und übernimmt gesellschaftliche Verantwortung. Dabei ist sie angewiesen auf Menschen, „die beten und das Gerechte tun und auf Gottes Zeit warten"[14].

Wir müssen in unseren Gemeinden die Sprache einer „neuen Gerechtigkeit" lernen. Denn die Gemeinschaft, die Gott in Christus gestiftet hat, kann nur eine Gemeinschaft auf der Basis gerechter Beziehungen sein. Und gerechtigkeitsbedürftig ist die Gemeinschaft von Frauen und Männern, von Schwarzen und Weißen, von

---

[12] WEN, 261.

[13] DB, 685.

[14] WEN, 208.

Einheimischen und Asylbewerbern, von Besitzenden und Besitzlosen.

Wenn ich Kirche als Leib Christi begreife, muß ich diese Erkenntnis ernstnehmen. Und wie jede Gemeinde ohne Glaube, Hoffnung und Liebe existenzlos wäre, so wäre sie wertlos ohne Gerechtigkeit.

Rainer Mayer

Hat sich Bonhoeffer geirrt?

Seine These von der religionslosen Zukunft und das Wiedererwachen der Religion in der Gegenwart

1. Religionskritik bei Dietrich Bonhoeffer

Dietrich Bonhoeffer – Mensch hinter Mauern! Auch seine Theologie der Gefängnisjahre ist hinter Mauern gehalten worden, obwohl viel darüber geredet und geschrieben wurde. Was Bonhoeffer gesagt hat und sagen wollte, wurde mehr verdunkelt als erhellt, teils aus Unkenntnis und Hilflosigkeit, teils in bewußtem Mißbrauch seiner Thesen, teils, weil man meinte, „über ihn hinausgehen" zu müssen.[1]

Wie lautet Bonhoeffers These von der Religionslosigkeit? Mit einer grundlegenden Beobachtung zur Zeitanalyse setzt Bonhoeffer ein: „Wir gehen einer völlig religionslosen Zeit entgegen; die Menschen können einfach, so wie sie nun einmal sind, nicht mehr religiös sein. Auch diejenigen, die sich ehrlich als ‚religiös' bezeichnen, praktizieren das in keiner Weise; sie meinen vermutlich mit ‚religiös' etwas ganz anderes" (305).[2] Schon mit diesem Schlüsselsatz wird deutlich, daß Bonhoeffers Kritik auf ein ganz bestimmtes „religiöses" Phänomen zielt, daß es ihm weniger darum zu tun ist, „Religion" schlechthin abzuqualifizieren. Unter dem Stichwort „Religion" will er offenbar gewisse negative Phänomene erfassen und auf den Begriff bringen: Es gibt nach seiner Meinung ja

[1] Vgl. dazu Rainer Mayer, Christuswirklichkeit. Grundlagen, Entwicklung und Konsequenzen der Theologie Dietrich Bonhoeffers, Stuttgart 1980², S. 13ff; 228f (Im folgenden abgekürzt: Christuswirklichkeit). Zum „Hinausgehen über Bonhoeffer" vgl. Per Lønning, Mündigkeit und Autonomie des Menschen. Bonhoeffer treu bleiben: Über ihn hinausgehen, in: Lutherische Monatshefte 23 (1984), S. 304-307.

[2] Dietrich Bonhoeffer, Widerstand und Ergebung. Briefe und Aufzeichnungen aus der Haft. Neuausgabe (Hrsg. E. Bethge), München 1970. – Auch im folgenden werden bei Zitaten aus diesem Werk die Seitenzahlen im Text angegeben.

durchaus Menschen, die sich für „religiös“ halten, es in Wirklichkeit aber gar nicht sind. Was versteht er also unter „Religion“ und „Religionslosigkeit“?

Mit Hilfe von Überblicken aus der Entwicklung der abendländischen Geistesgeschichte fällt es Bonhoeffer am leichtesten, seine Zielaussage zu verdeutlichen: „Die etwa im 13. Jahrhundert (ich will mich auf den Streit über den Zeitpunkt nicht einlassen) – beginnende Bewegung in Richtung auf die menschliche Autonomie (ich verstehe darunter die Entdeckung der Gesetze, nach denen die Welt in Wissenschaft, Gesellschafts- und Staatsleben, Kunst, Ethik, Religion lebt und mit sich selbst fertig wird) ist in unserer Zeit zu einer gewissen Vollständigkeit gekommen. Der Mensch hat gelernt, in allen wichtigen Fragen mit sich selbst fertig zu werden ohne Zuhilfenahme der ‚Arbeitshypothese: Gott‘. In wissenschaftlichen, künstlerischen und ethischen Fragen ist das eine Selbstverständlichkeit geworden, an die man kaum mehr zu rühren wagt; seit etwa 100 Jahren gilt das aber auch für die religiösen Fragen; es zeigt sich, daß alles auch ohne ‚Gott‘ geht und zwar ebenso gut wie vorher“ (356f; vgl. 392f).

Im Mittelpunkt der von Bonhoeffer gemeinten Religionslosigkeit steht also die Entwicklung hin auf die menschliche *Autonomie*. Diese wird in allen Bereichen des öffentlichen und z.T. auch des privaten Lebens ganz selbstverständlich praktiziert. Ergebnis ist die „mündig gewordene Welt“ (357; 373f u.ö.). Ihr Kennzeichen ist, daß sie in allen Belangen handelt „etsi deus non daretur“, „auch wenn es keinen Gott gäbe“, also ohne Rücksicht auf Gott, nach ihren eigenen Gesetzen. Diese Entwicklung will Bonhoeffer seinerseits, das ist sein Anliegen, nicht bekämpfen, sondern voll akzeptieren: „Ich will also darauf hinaus, daß man Gott nicht noch an irgendeiner allerletzten heimlichen Stelle hineinschmuggelt, sondern daß man die Mündigkeit der Welt und des Menschen einfach anerkennt ...“ (379). – Hingegen hat die zeitgenössische Theologie nach Bonhoeffers Urteil auf die gegebene Situation nicht angemessen reagiert. „Gegen diese Selbstsicherheit [der mündig gewordenen, autonomen Welt] ist nun die christliche Apologetik in verschiedenen Formen auf den Plan getreten“ (357). Doch solch falsche Stellungnahme, die in der Entwicklung zur Mündigkeit einen Abfall von Gott und von Christus zu sehen meint, führt nur dazu, daß die mündig gewordene Welt sich unnötigerweise „selbst als antichristlich“ (ebd.) auffaßt. Außerdem hält

Bonhoeffer, das ist das gewichtigere Argument, die Attacke der christlichen Apologetik auf die Mündigkeit der Welt „erstens für sinnlos, zweitens für unvornehm, drittens für unchristlich. Sinnlos – weil sie mir wie der Versuch erscheint, einen zum Mann gewordenen Menschen in seine Pubertätszeit zurückzuversetzen, ... ihn in Probleme hineinzustoßen, die für ihn faktisch nicht mehr Probleme sind. Unvornehm – weil hier ein Ausnutzen der Schwäche eines Menschen zu ihm fremden, von ihm nicht frei bejahten Zwecken versucht wird. Unchristlich – weil Christus mit einer bestimmten Stufe der Religiosität des Menschen ... verwechselt wird" (358).

Nach diesem einführenden Überblick gilt es zunächst festzuhalten, welche Religionsverständnisse Bonhoeffer *nicht* gemeint hat.[3]

Die Aussagen Bonhoeffers zielen erstens nicht auf einen induktiv erschlossenen *geschichtlich-phänomenologischen Religionsbegriff*, mit dem die Religionswissenschaften arbeiten. Diese nehmen die Erscheinungsformen der Religion in den unterschiedlichen Kulturen und Epochen wahr und machen sie zur Grundlage ihrer Betrachtung. Sie setzen dabei die religiösen Phänomene als gegeben voraus. Darauf beruht ihr empirisch-wissenschaftlicher Anspruch. Entsprechend können sie zwar Systematisierungen, historische und archäologische Untersuchungen usw. vornehmen und auch phänomenologisch vergleichend arbeiten; aber von Werturteilen haben sie weitgehend Abstand zu nehmen. In diesem Sinne versucht z. B. der Religionswissenschaftler v. Glasenapp, eine möglichst umfassende allgemeine Definition von Religion zu geben: „Religion ist die im Erkennen, Denken, Fühlen, Wollen und Handeln betätigte Überzeugung von der Wirksamkeit persönlicher oder unpersönlicher transzendenter Mächte."[4] Gustav Mensching definiert im Anschluß an Rudolf Otto Religion „als erlebnishafte Begegnung mit heiliger Wirklichkeit und als antworten-

---

[3] Der Religionsbegriff involviert ja eine Fülle etymologischer, empirischer, historischer, soziologischer, psychologischer, philosophischer und systematischer Probleme. Diese können hier nicht ausgebreitet werden. Die folgenden Abgrenzungen versuchen eine knappe Systematisierung.

[4] Helmuth v. Glasenapp, Die fünf Weltreligionen, Düsseldorf/Köln 1972³, S. 9.

des Handeln des vom Heiligen existentiell bestimmten Menschen“[5].

Dietrich Bonhoeffer tadelt mit seiner Kritik an der Religion nicht dieses religionswissenschaftliche Umgehen mit Religion. Ausdrücklich versichert er: „Ich lese z.Zt. das ganz ausgezeichnete Buch des Altphilologen W.F. Otto (Königsberg) über die ‚Götter Griechenlands‘, über diese ‚Glaubenswelt, die dem Reichtum und der Tiefe des Daseins, nicht seinen Sorgen und Sehnsüchten entstiegen ist‘, wie es am Schluß heißt. Verstehst Du, daß diese Formulierung und die entsprechende Darstellung für mich etwas sehr Reizvolles hat und daß ich – horribile dictu! – an den so dargestellten Göttern weniger Anstoß nehme als an bestimmten Formen des Christentums?, ja, daß ich fast glaube, diese Götter für Christus in Anspruch nehmen zu können“ (365; vgl. 363f)? – Also nicht um Mythenkritik oder gar Entmythologisierung ist es Bonhoeffer im Rahmen seiner Religionskritik zu tun. Entsprechend wendet er gegen Bultmann im Blick auf dessen Programm einer „Entmythologisierung des Neuen Testaments“ ein: „Ich bin nun der Auffassung, daß die vollen Inhalte einschließlich der ‚mythologischen‘ Begriffe bestehen bleiben müssen – das Neue Testament ist nicht eine mythologische Einkleidung einer allgemeinen Wahrheit!, sondern diese Mythologie (Auferstehung etc.) ist die Sache selbst! – aber daß diese Begriffe nun in einer Weise interpretiert werden müssen, die nicht die Religion als Bedingung des Glaubens … voraussetzt“ (360).

Bonhoeffers Äußerungen zielen zweitens nicht in erster Linie auf ein *existential-ontologisches Religionsverständnis,* nach welchem Religion als Grundwirklichkeit entweder im Menschen (vgl. z.B. Schleiermacher) oder in der Struktur des Seins (vgl. z.B. Hegel) oder in beiden (vgl. z.B. Tillich) dimensional verankert ist. Gewiß, solche Entwürfe bieten Hilfe, die Welt ganzheitlich zu erfassen, was ja auch Bonhoeffers Absicht ist, aber sie setzen diese Einheit und Ganzheit immer schon als gegeben voraus. Die Einheit der Wirklichkeit ist in der „Tiefe“ des Seins oder Daseins vorhanden, sie muß nur noch aufgewiesen werden. Bonhoeffer bestreitet eine solche Wirklichkeitssicht. Transzendentalphilosophien und Ontologien dieser Art, die Gott etwa als „Wirklichkeit der Wirk-

---

[5] Gustav Mensching, Art. Religion I, in: Die Religion in Geschichte und Gegenwart (3. Aufl.), Bd. 5, Tübingen 1961, Sp. 961.

lichkeiten" oder „das Woher meines Umgetriebenseins" auffassen, nehmen die Mündigkeit der Welt, auch wenn sie anderes behaupten, gerade nicht ernst! Die mündige Welt hat es nämlich nicht nötig, sich religiös vereinnahmen zu lassen, sie hält ihrerseits solche Weltdeutungen schlicht für Floskeln und daher für überflüssig. Deshalb sind auch alle Interpretationen, die Bonhoeffer als Zeugen für die genannte Weltauffassung und Existenzdeutung in Anspruch nehmen wollen, im Ansatz verfehlt.[6] Am Beispiel Paul Tillichs grenzt sich Bonhoeffer klar gegen Vorstellungen dieser Art ab: „Tillich unternahm es, die Entwicklung der Welt selbst – gegen ihren Willen – religiös zu deuten, ihr durch die Religion ihre Gestalt zu geben. Das war sehr tapfer, aber die Welt warf ihn vom Sattel und lief allein weiter; auch er wollte die Welt besser verstehen, als sie sich selbst verstand; aber sie fühlte sich völlig mißverstanden und wies ein solches Ansinnen ab. (Zwar muß die Welt besser verstanden werden, als sie sich selbst versteht, aber eben nicht ‚religiös', wie es die religiösen Sozialisten wollen!)" (359).

Zusammenfassend können wir sagen: Den geschichtlich-phänomenologischen Religionsbegriff läßt Bonhoeffer stehen. Er kritisiert ihn nicht, er lobt ihn nicht, er nimmt die Existenz von Religionen schlicht als Tatsache zur Kenntnis. Seine Religionskritik zielt nicht auf das Faktum der Existenz von geschichtlichen Religionen.

Anders verhält es sich mit dem existential-ontologischen Religionsbegriff. Dieser enthält Elemente, die Bonhoeffer negativ bewertet, denn es wird hier versucht, die mündig gewordene Welt religiös zu vereinnahmen. – Zugleich wird aber auch deutlich, daß das existential-ontologische Verständnis nicht im Mittelpunkt von Bonhoeffers Religionskritik steht. Die Spitze seiner Kritik richtet sich gegen einen schwerwiegenderen Fehler der „Religion". Die Ablehnung des existential-ontologischen Religionsverständnisses bildet sozusagen nur einen „Nebenkrater" in seinen Überlegungen.

Als *drittes* wichtiges *Religionsverständnis* wäre das *theologisch-*

[6] Als theologiegeschichtlich wirkungsvollste Fehlinterpretation dieser Richtung ist zu verweisen auf: John A. T. Robinson, Gott ist anders. Honest to God, München 1966[11]. Robinson bietet eine Spielart der „Gott-ist-tot-Theologie". – Auch einige Richtungen des religiösen Sozialismus stützen sich auf ein ontologisches Religionsverständnis; vgl. dagegen das folgende Bonhoeffer-Zitat.

systematische zu nennen. In dieser Sicht ist, einfach ausgedrückt, Religion der Weg der Menschen zu Gott, Offenbarung hingegen der Weg Gottes zu den Menschen. Mithin steht Religion gegen Offenbarung und Offenbarung gegen Religion!

Um diese Entgegensetzung zu verstehen, muß die abendländische Geschichte des Religionsbegriffs kurz erläutert werden.[7] „Religion" ist ein neuzeitlicher, verhältnismäßig junger Begriff. Das lateinische „religio", von dem er abgeleitet ist, findet sich zwar bereits in der mittelalterlichen Theologie, ist jedoch dort von untergeordneter Bedeutung. Außerchristliche Religionen wurden damals nicht als „religio", sondern z.B. als „Heidentum", „Verblendung", „Aberglaube" bezeichnet. Erst durch die Reformation machte das Wort „Religion" Karriere, denn es konnte als gemeinsamer Oberbegriff über die getrennten christlichen Kirchen und Konfessionen verwendet werden. Der Religionsbegriff trat damit aber in Konkurrenz zum Kirchenbegriff. Die aufgeklärte christliche Laienschaft konnte christliche „Religion" und „Religiosität" gegen die Kirchen und die Dogmen für sich in Anspruch nehmen. Mit der Emanzipation des Religionsbegriffs von den Kirchen im Zuge der Aufklärung dehnte sich seine Bedeutung auch immer mehr über das spezifisch Christliche hinaus aus. Folglich fiel den Kirchen wieder mehr und mehr zu, authentisch zu definieren, was das spezifisch Christliche sei. Als jedoch im Rahmen des „Kulturprotestantismus" der verallgemeinerte Religionsbegriff die Kirchen selbst zu erobern begann, mußte eine Gegenbewegung einsetzen. Nach der Krise des Ersten Weltkrieges hat Karl Barth die theologisch-systematische Kritik an der Religion auf den Nenner gebracht. In der zweiten Auflage seines Römerbrief-Kommentars schrieb er: „Religion kann man niemandem wünschen oder anpreisen oder zur Annahme empfehlen: Sie ist ein *Unglück,* das mit fataler Notwendigkeit über gewisse Menschen hereinbricht und von ihnen auch auf andere kommt."[8] Barth hatte seinerseits Vorgänger. Schon vor dem Ersten Weltkrieg konnte man bei den beiden Blumhardts Religionskritik hören, die an Barth erinnert. Der Ruf lautete: Weg von der Religion – hin zum biblischen Evange-

---

[7] Vgl. zum folgenden: Thomas Nipperdey. Nachdenken über die deutsche Geschichte. Essays, München 1990, bes. S. 36-51.

[8] Karl Barth, Der Römerbrief, 6. Abdruck der neuen Bearbeitung, München 1933, zu Röm 7,14-25.

lium! Auch Bonhoeffer meint man bereits zu vernehmen, wenn man beim jüngeren Blumhardt liest: „In der Religion behandeln *wir* vielfach den lieben Gott, um uns ein Reich Gottes zu schaffen, anstatt daß wir uns von Gott behandeln lassen, damit er *auf Erden* ein Reich gründen könne.“[9]

In der Tat greift Bonhoeffer Barths Religionskritik lobend auf: „Barth hat als erster Theologe – und das bleibt sein ganz großes Verdienst – die Kritik der Religion begonnen ...“ (312). Doch sogleich schränkt Bonhoeffer ein: „... aber er hat dann an ihre Stelle eine positivistische Offenbarungslehre gesetzt, wo es dann heißt: ‚friß Vogel, oder stirb‘; ob es nun Jungfrauengeburt, Trinität oder was immer ist, jedes ist ein gleichbedeutsames und -notwendiges Stück des Ganzen, das eben als Ganzes geschluckt werden muß oder garnicht. Das ist nicht biblisch. Es gibt Stufen der Erkenntnis und Stufen der Bedeutsamkeit ...“ (ebd.). Bonhoeffers Einwand lautet: „Für den religionslosen Arbeiter oder Menschen überhaupt ist hier nichts Entscheidendes gewonnen. Die zu beantwortenden Fragen wären doch: was bedeutet eine Kirche, eine Gemeinde, eine Predigt, eine Liturgie, ein christliches Leben in einer religionslosen Welt“ (306)? Seine Kritik bringt Bonhoeffer auf den Punkt: „... in der nicht-religiösen Interpretation der theologischen Begriffe hat er [Barth] keine konkrete Wegweisung gegeben ...“ (359).[10]

Damit ist deutlich, daß Bonhoeffer in seiner Religionskritik beim theologisch-systematischen Religionsbegriff Barths anknüpft: Ihm geht es unzweifelhaft zentral um die biblische Offenbarung. Aber an Barth wie an der Bekennenden Kirche kritisiert er, daß ihre Verkündigung „unentfaltet“ (360) bleibt, daß sie nicht sagen können, „wer Christus heute für uns eigentlich ist“ (305). Ihm, Bonhoeffer selbst, ist z.B. darum zu tun, „wie die Begriffe Buße, Glaube, Rechtfertigung, Wiedergeburt, Heiligung ‚weltlich‘ ... umzuinterpretieren sind“ (313).

---

[9] Eugen Jäckh, Blumhardt Vater und Sohn, 1925^2, S. 110; zitiert nach: Gotthold Müller, Religion zwischen Metaphysik und Prophetie, in: Religionsloses Christentum und nicht-religiöse Interpretation bei Dietrich Bonhoeffer, Darmstadt 1990, S. 447.

[10] Zu Bonhoeffers Kritik an Barth vgl. im einzelnen: R. Mayer, Christuswirklichkeit, S. 228ff.

2. Was Dietrich Bonhoeffer gewollt hat

Dietrich Bonhoeffer hat sein Ziel klar benannt: „die Inanspruchnahme der mündig gewordenen Welt durch Jesus Christus" (375). Theologisch bedeutet das: „Die Mündigkeit der Welt ist nun kein Anlaß mehr zu Polemik und Apologetik, sondern sie wird nun wirklich besser verstanden, als sie sich selbst versteht, nämlich vom Evangelium, von Christus her" (360). Ziel ist also nicht die Bejahung der Säkularität an sich, wie es eine modernistische Säkulartheologie will, die in ihrer Blütezeit während der 60er und 70er Jahre Bonhoeffer als ihren Kronzeugen auftreten ließ. Bonhoeffer zielt auf etwas anderes: „Nicht die platte und banale Diesseitigkeit der Aufgeklärten, der Betriebsamen, der Bequemen oder der Lasziven, sondern die tiefe Diesseitigkeit, die voller Zucht ist, und in der die Erkenntnis des Todes und der Auferstehung immer gegenwärtig ist, meine ich. Ich glaube, daß Luther in dieser Diesseitigkeit gelebt hat" (401).

Was Bonhoeffer mit der nicht-religiösen Interpretation biblischer Begriffe anstrebt, läßt sich wieder am leichtesten an dem zeigen, was er ablehnt. Bonhoeffer wendet sich gegen eine christliche Frömmigkeit, die zwischen „außen" und „innen" unterscheidet: „Die Verdrängung Gottes aus der Welt ... führte zu dem Versuch, ihn wenigstens in dem Bereich des ‚Persönlichen', ‚Innerlichen', ‚Privaten' noch festzuhalten" (377). Bonhoeffer ist aber der Überzeugung, daß die Zeit der Innerlichkeit und des Gewissens vorüber ist (305), die Bibel kennt außerdem „unsere Unterscheidung von Äußerem und Innerem nicht" (379). Dem „innerlich", „individualistisch" (312) orientierten religiösen Menschen ist primär an seinem „persönlichen Seelenheil" (ebd.) gelegen. Er sucht, für Gott einen Raum „in der Welt oder gegen die Welt auszusparen" (359). Gerade damit aber wird Gott in Wirklichkeit fortschreitend aus der Welt herausgedrängt, denn der für Gott ausgesparte Raum hält „zwangsläufig immer nur solange vor, bis die Menschen aus eigener Kraft die Grenzen etwas weiter hinausschieben und Gott als deus ex machina", der ungeklärte wissenschaftliche Probleme oder ungelöste religiöse Fragen wie z.B. Schuld oder das Todesproblem beantworten soll, „überflüssig wird" (307).

Wenn Kirche und Verkündigung ein solches „religöses Apriori" (305) zur Bedingung der Annahme des Evangeliums machen, fordern sie von den Menschen eine Vorleistung, die diese weder erbringen können noch sollen. Es handelt sich um eine Art geistige „Beschneidung“ (307f; 360) als Voraussetzung des Glaubens, welcher der Vorwurf der Gesetzlichkeit (vgl. 358) zu machen ist. Bonhoeffer ist der Meinung, das Christentum sei zwar in seiner Geschichte immer eine Form, vielleicht die wahre Form der „Religion“ gewesen (305), doch diese religiöse Epoche sei nun endgültig vorüber, man könne sie nicht zurückholen, so wenig, wie man einen Mann in die Zeit seiner Pubertät zurückversetzen dürfe (vgl. 358). Höchstens einige „letzte Ritter“ oder ein paar „intellektuell Unredliche“ seien in dieser Weise noch religiös ansprechbar, aber die Kirche solle sich nicht ausgerechnet „auf diese zweifelhafte Gruppe von Menschen stürzen“ (305), sondern sich mit der mündig gewordenen Welt in ihren besten Vertretern auseinandersetzen, als ein „aristokratisches Christentum“ (348), das sich „für die Achtung menschlicher Qualität“ (22) leidenschaftlich einsetzt. Das Ziel ist deutlich: Die Religiösen lassen Christus nur partiell Herr der Welt sein, Bonhoeffer aber will, daß Christus „nicht mehr Gegenstand der Religion“, sondern „wirklich Herr der Welt“ (306) ist.

Die Beobachtung, daß Bonhoeffers Religionskritik am leichtesten im Zusammenhang seiner geistesgeschichtlichen Analysen zu verstehen ist, hat E. Feil in seiner Dissertation zu der These verallgemeinert, der Religionsbegriff Bonhoeffers sei im Anschluß an Bonhoeffers Dilthey-Studien „nicht mehr systematisch im Sinne der Dialektik Barths, sondern ‚geistesgeschichtlich‘“ zu deuten[11]. Diese mehrfach wiederholte Behauptung widerspricht den dargestellten Aussagen Bonhoeffers über Barth und hat außerdem den Nachteil, daß Bonhoeffers Religionskritik auf eine bestimmte Epoche begrenzt und damit relativiert wird. Bonhoeffer ist dann zwar sehr leicht als Zeuge gegen eine verinnerlichte, bürgerliche Religiosität ins Feld zu führen (was auch richtig ist!), aber die gesamte säkularistische Bonhoeffer-Interpretation wird aus der Kritik entlassen! Ferner wird der Ansatz der Dialektischen Theologie, die Religion und Offenbarung zu unterscheiden lehrte, damit grundsätzlich verlassen. Gewiß muß man sich nicht auf einen krassen Gegensatz zwischen Religion und Offenbarung festlegen. Eine wichtige theologische Differenzierungsmöglichkeit geht

---

[11] Ernst Feil, Die Theologie Dietrich Bonhoeffers. Hermeneutik, Christologie, Weltverständnis, München 1971², S. 346.

jedoch verloren, wenn Unterschiede zwischen Religion und Offenbarung nicht ausreichend beachtet werden. Die richtige These lautet: *Bonhoeffer hat nicht einen geistesgeschichtlichen Religionsbegriff mit systematischen Implikationen entwickelt, sondern einen systematischen Religionsbegriff mit geistesgeschichtlichen Implikationen!*[12] Anderenfalls stünden und fielen Bonhoeffers Aussagen über die Religion mit der Richtigkeit seiner geistesgeschichtlichen Analysen. Eine Wiederkehr der Religion würde seine Intentionen für die Gegenwart wertlos machen. Bonhoeffer hätte sich geirrt.[13]

Ich möchte im folgenden nachweisen, daß Bonhoeffer auch den Säkularismus als „Religion" gekennzeichnet hat. Einen Vortrag unter dem Thema „Dein Reich komme – Das Gebet der Gemeinde um Gottes Reich auf Erden" vom November 1932 in Postdam-Hermannswerder eröffnete Bonhoeffer mit einem Paukenschlag: „Wir sind Hinterweltler oder wir sind Säkularisten; das heißt aber, wir glauben nicht mehr an Gottes Reich."[14] Zunächst beschreibt er die hinterweltlerische Religion: „Hinterweltlerisch sind wir, seit wir den bösen Kniff herausbekamen, religiös, ja sogar ‚christlich' zu sein auf Kosten der Erde."[15] – Man hört hier schon ganz den Bonhoeffer der Gefängnisbriefe mit seiner Polemik gegen die innerlich-individualistische Religiosität, die die mündig gewordene Welt nicht ernst nimmt. „Eine hinterweltlerische Kirche kann gewiß sein, daß sie alle Schwächlichen, alle nur zu gern Belo-

---

[12] Vgl. im einzelnen dazu: Rainer Mayer, Christuswirklichkeit, S. 228ff.

[13] Dies scheint auch Eberhard Bethge gespürt zu haben, der Feils These übernimmt, dann aber die Schwierigkeiten sieht, die sich daraus ergeben. Ohne die Angelegenheit positiv weiter klären zu können, läßt es Bethge dabei bewenden, unter Berufung auf Bonhoeffer nur die bürgerliche Religion einer unpolitischen Kirche zu kritisieren. Den Säkularismus hingegen, der gerade in seinem politischen Eifer meint, Kirche bauen zu können, und den Bonhoeffer ebenfalls als Religion gekennzeichnet hat (vgl. die folgenden Ausführungen), übersieht er (Eberhard Bethge, Christlicher Glaube ohne Religion. Hat sich Dietrich Bonhoeffer geirrt?, in: Evangelische Kommentare, 1975, S. 395-397).

[14] Dietrich Bonhoeffer, Gesammelte Schriften, München 1960, Bd. 3, S. 270.

[15] Ebd.

genen und Betrogenen, alle Phantasten, alle ungetreuen Söhne der Erde im Nu gewinnt."[16]

Dann aber wendet sich Bonhoeffer auch gegen die andere Seite: „Oder wir sind Weltkinder ... Wir sind dem Säkularismus verfallen ... Gewalt steht gegen Gewalt ... Also der Glaube rüstet auf, weil die Gewalten der Erde ihn dazu nötigen. Wir sollen Gottes Sache vertreten ... Der Mensch – auch der religiöse Mensch – hat Lust daran, sich zu raufen und seine Kräfte spielen zu lassen ... Die Kirche darf gewiß sein, daß sie bald – wenn sie es nur noch etwas schneidiger so treibt – alle Tapferen, Entschlossenen, Gutgesonnenen, alle dazu treuen Söhne der Erde auf ihrer Seite hat in diesem fröhlichen Krieg. Welcher rechte Mann vertrete nicht gern die Sache Gottes in dieser schlechten Welt ... Daß wir gerade mit unserer Bereitschaft, Gott in der Welt sein Recht zu verschaffen, nur ihm selbst entrinnen, daß wir die Erde um ihrer selbst, um dieses Kampfes willen lieben, das ist unser christlicher Säkularismus."[17]

Bonhoeffer bejaht also Welt und Weltliches nicht um ihrer selbst willen! *Die Alternative zu „Religion" lautet für Bonhoeffer nicht „Weltlichkeit", sondern „Reich Gottes" und „Christuswirklichkeit".* Seine Religionskritik zielt also nicht darauf, die vorgefundene Wirklichkeit zu bestätigen, sondern sie zielt auf die Wegbereitung für das Reich Gottes. Dies hat Bonhoeffer vielfach in seinen Gefängnisbriefen bestätigt. Er fragt: „Ist nicht die Gerechtigkeit und das Reich Gottes auf Erden der Mittelpunkt von allem?" (312). Und er erläutert: „Wenn Gott mitten in den Bedrohungen eines Fliegeralarms den Ruf des Evangeliums zu seinem Reich in der Taufe ergehen läßt, dann wird es merkwürdig klar, was dieses Reich ist und will. Ein Reich stärker als Krieg und Gefahr, ein Reich der Macht und Gewalt, ein Reich, das für die einen ewiger Schrecken und Gericht, für die anderen ewige Freude und Gerechtigkeit ist, nicht ein Reich des Herzens, sondern über die Erde und alle Welt, nicht vergänglich, sondern ewig, ein Reich, das sich selbst seinen Weg schafft und sich Menschen ruft, die ihm den

---

[16] A.o.O., S. 270f.

[17] A.a.O., S. 271f. Der Kontext macht deutlich, daß Bonhoeffer konkret die liberale Theologie seiner Zeit vor Augen hat. Die Säkulartheologie und die politische Theologie der Gegenwart gab es damals nicht. Bonhoeffer selbst nannte jedoch einen Ansatz, der, „das Evangelium verkürzend", Kompromisse mit der Welt schließt, „eben im Grunde doch liberal" (WEN, 311f).

Weg bereiten, ein Reich, für das sich der Einsatz des Lebens lohnt" (332f).

Der Begriff „Reich Gottes" und die Ausführungen Bonhoeffers dazu – wirken sie nicht sehr „religiös"? Wie steht es mit der weltlichen Interpretation biblischer Begriffe bei Bonhoeffer selbst? – Mit solchen kritischen Rückfragen stoßen wir zum Kern der Intentionen Bonhoeffers vor: Nicht um Begriffe geht es, also etwa darum, biblische Wörter zu „modernisieren" oder auszutauschen. (Wir zitierten bereits: „Auferstehung" z.B. kann man nicht begrifflich ersetzen, wenn man die Sache selbst nicht verlieren will.) „Nicht-religiös", im Sinne Bonhoeffers „weltlich" zu interpretieren, bedeutet vielmehr, die ganze Welt als Herrschaftsbereich Jesu Christi ernst zu nehmen! Von daher ist Bonhoeffers Abgrenzung gegen das Denken in zwei Räumen zu verstehen, von denen der eine als „göttlich, heilig, übernatürlich, christlich", der andere aber als „weltlich, profan, natürlich, unchristlich"[18] aufgefaßt wird. Es ist falsch, „einen Raum für Religion in der Welt oder gegen die Welt auszusparen" (359). „Nicht um das Jenseits, sondern um diese Welt, wie sie geschaffen, erhalten, in Gesetze gefaßt, versöhnt und erneuert wird, geht es doch" (312). Für die traditionelle Metaphysik aber war das Denken in zwei Bereichen bzw. Räumen charakteristisch. Ihren Vorstellungshintergrund bildete ein System von Gebietsunterscheidungen. Demnach gibt es einerseits die irdische Erfahrungswelt des Menschen. Sie ist ein endlicher Bereich, dem bestimmte Grenzen gezogen sind. Andererseits ist diese Erfahrungswelt überspannt und umschlossen von einer übersinnlichen Wirklichkeit, deren Exponent Gott selbst ist. Es handelt sich um einen unbegrenzten, qualitativ anderen Bereich. Diese Vorstellung mag früher vielleicht einmal angemessen gewesen sein (das Christentum als „wahre Religion"), aber in der Neuzeit veränderte sie ihren Charakter. Das heißt: Immer, wenn nun die Menschen in Not und Angst kamen, also an Grenzen stießen, sollte Gott als „deus ex machina" (307) in die Welt hineinfunken und helfen. Der Gottesglaube wurde somit zu einem Grenzereignis. Die Kirche lebte dabei von den „sogenannten letzten Fragen" – Tod, Schuld – „auf die nur ‚Gott' Antwort geben kann" (357). Gott wurde zum Lückenbüßer menschlicher Verlegenheiten. Ein

---

[18] Dietrich Bonhoeffer, Ethik (Hrsg. E. Bethge), München 1963[6], S. 209. (Im folgenden abgekürzt: E).

solcher Gott wird immer überflüssiger, meint Bonhoeffer, je mehr die Menschen mit ihren Fragen und Problemen selbst fertig werden können.

Diese Abrechnung mit der traditionellen Frömmigkeit hört sich in der Tat revolutionär an. Bonhoeffer spürt dies: „Manchmal erschrecke ich über meine Sätze ... Es ist aber alles so unbesprochen, daß es oft zu klotzig herauskommt ... Und später muß es erst noch durch die ‚Kläranlage'" (428)! – Die säkularistische Theologie hat daraus den Schluß gezogen, Bonhoeffer wolle den personalen, transzendenten Gott abschaffen oder ihn für „tot" erklären. *In Wahrheit geht es Bonhoeffer nicht um ein „Weniger", sondern um ein „Mehr" gegenüber der traditionellen Metaphysik!* Christus soll der Herr des *ganzen* Lebens werden, der nicht bloß für Grenzereignisse oder „ungelöste Fragen" zuständig ist. Der mündige Mensch denkt ganzheitlich-weltlich. Diese seine Weltlichkeit soll man nicht „madig" machen. Nur dann erreicht man das Ziel, wenn man „ihn an seiner stärksten Stelle mit Gott konfrontiert" (379).

Hierher gehört nun alles, was Bonhoeffer über die Mitte des Lebens zu sagen weiß: „Gott ist ... kein Lückenbüßer; nicht erst an den Grenzen unserer Möglichkeiten, sondern mitten im Leben muß Gott erkannt werden; im Leben und nicht erst im Sterben, in Gesundheit und Kraft und nicht erst im Leiden, im Handeln und nicht erst in der Sünde will Gott erkannt werden. Der Grund dafür liegt in der Offenbarung Gottes in Jesus Christus. Er ist die Mitte des Lebens und keineswegs ‚dazu gekommen', uns ungelöste Fragen zu beantworten" (341f). Nur von der Mitte her wird Christus „wirklich Herr der Welt" (306). *Nicht-religiöse Interpretation biblischer Begriffe ist christologische Interpretation!*

Da Bonhoeffer zentral von Christus her denkt, sind seine Ausführungen im Zusammenhang eines abstrakten Gottesbegriffs unverständlich. Christus als „Herr der Welt" heißt bei Bonhoeffer auch nicht einfach „Christokratie", wie bei Barth. Dieser entfaltet seine Aussagen undialektisch, eben „offenbarungspositivistisch". Nein, die Wirklichkeit ist nur paradox zu erfassen. Göttliches und Weltliches liegen ineinander und sind doch zu unterscheiden. „Beide sind ‚ungetrennt und doch geschieden', um mit dem Chalcedonense zu reden, wie in Christus seine göttliche und seine menschliche Natur" (331). Eine „platte und banale" Bonhoeffer-Rezeption konnte das nicht verstehen. Die einen wollten nur den „frommen" Bonhoeffer, die anderen nur den „weltlichen". Bonhoeffer aber geht es um die Ganzheit und Einheit des Lebens in der unaufgehobenen Unterscheidung zwischen Gott und Welt. Die Möglichkeit eines solchen Weltverhältnisses eröffnet allein die Christuswirklichkeit.[19]

Bonhoeffer hat daher in seiner Gefängniszeit weder den Glauben verloren, wie es die einen befürchten, noch ist er einer politisierenden Theologie verfallen, wie es die anderen begrüßen, sondern er hat die ganze Spannweite des Lebens in Jesus Christus und mit Jesus Christus durchgehalten. Es gibt bei ihm Sätze, die der traditionellen Metaphysik vollkommen entsprechen, ja die Überweltlichkeit und Allmacht Gottes so stark betonen, daß man nahezu an Fatalismus erinnert wird.[20] Dazu gehört auch das Vertrauen auf die persönliche Führung durch Gott in einem Menschenleben (297; 427 u.ö.). Man denke auch an den wohl bekanntesten Bonhoeffer-Text, sein Gedicht „Von guten Mächten" (435f). Aber solche Aussagen stehen eben nicht isoliert da! Bonhoeffer verabschiedet sich nicht per salto mortale aus der gegebenen Wirklichkeit. *Weltliche Interpretation ist wirklichkeitsgemäße Interpretation*. Die Menschen werden angeleitet, die vorgefundene Wirklichkeit ganz ernst zu nehmen, sich ihr voll auszusetzen, sie, wo möglich, verantwortlich zu gestalten, sie, wo nicht möglich, ganz in Gottes Hand zu befehlen. Das aber ist unverkürzt mit allen Spannungen nur zu vollziehen in einer Existenz „in Christus"! Das heißt, in „Widerstand und Ergebung" (244) zu existieren.

In der bisherigen Bonhoeffer-Rezeption ist zu viel über das „Rätsel" der nicht-religiösen Interpretation gesprochen und zu wenig beachtet worden, wie weit sie Bonhoeffer in seinen Gefängnisbriefen selbst bereits durchgeführt hat. Die Grundorientierungen dazu lauten: In Fragen der *Ethik* soll man die Menschen auf ihre *Verantwortung* hin ansprechen (11-16; 23-26 u.ö.), in Fragen der *Sünde* auf die „starken", nicht die schwachen Versagenssünden. (*Starke Sünden* sind z.B. beim „Genie die Hybris; beim Bauern die Durchbrechung der Ordnung ... beim Bürger die Scheu vor der freien Verantwortung" (379).) Bei *Krankheit und Tod* schließlich gilt es, diesen Grenzen nicht in Furcht, sondern in *„freiwilliger Einwilligung"* (26), als Stationen „auf dem Wege ... zur

[19] Vgl. Rainer Mayer, Christuswirklichkeit, passim.

[20] Vgl. z.B. WEN, 335, wo Bonhoeffer über die Vorherbestimmung der menschlichen Todesstunde spricht. WEN, 195 verläßt er sich darauf, ganz in Gottes Händen, nicht in Menschenhänden zu sein.

ewigen Freiheit“ entgegenzugehen. Nur getragen von einem ganzen, starken persönlichen Christusglauben ist weltliche Interpretation vollziehbar.[21]

3. Das Wiedererwachen der Religion und die Folgen für die Verkündigung des Evangeliums heute

Bereits 1973 ließ sich die Synode der Evangelischen Kirche in Deutschland einen ausführlichen Bericht erstatten über das Wiedererwachen der Religion. „Dort heißt es gegen Ende, daß sich Bonhoeffer in der Prognose einer religionslos werdenden Welt allen Anzeichen nach getäuscht hat!“[22] Von da an machte das Wort die Runde, „daß Bonhoeffer mit seiner Ansage einer religionslosen Epoche unrecht gehabt hat“[23]. Eine religiöse Welle nach der anderen rollte heran. Ursprünglich religionskritische Theologen wie Dorothee Sölle, Harvey Cox und Gerhard Ebeling meinten plötzlich, Religion positiv werten zu müssen.[24] Heinz Zahrnt konstatiert: „Bonhoeffers Ansage eines religionslosen Zeitalters, in dem die Menschen völlig unreligiös, rein säkular leben würden und nicht einmal mehr Götzen anbeten, hat sich so nicht bestätigt.“[25] Zahrnt zitiert eine Warnung von Carl Heinz Ratschow: „In fataler Verstellung will man dieser Gegenwart nichtreligiös gerecht werden, wirft alles als Ballast über Bord, was religiös wertvoll war,

[21] Vgl. Bonhoeffers Vorwurf gegen die Bekennende Kirche. Grund ihres Versagens war: „Eintreten für die ‚Sache‘ der Kirche etc., aber wenig persönlicher Christusglaube“ (414).

[22] E. Bethge, Christlicher Glaube ohne Religion (vgl. Anm. 13), S. 395.

[23] Gottfried Sprondel, Die Legende vom „religionslosen Zeitalter“. Auch in der nachchristlichen Wirklichkeit wird nach Gott gefragt, in: Lutherische Monatshefte 1985, S. 559. Hier zitiert nach Ernst Feil, Ende oder Wiederkehr der Religion? Zu Bonhoeffers umstrittener Prognose eines „religionslosen Christentums“, in: Christian Gremmels/Ilse Tödt (Hrsg.), Die Präsenz des verdrängten Gottes, München 1987, S. 43.

[24] Vgl. E. Feil, a.a.O., S. 28.

[25] Heinz Zahrnt, Gotteswende. Christsein zwischen Atheismus und Neuer Religiosität, München/Zürich 1989, S. 65.

und verfehlt gerade hiermit die gesuchte Gegenwart."[26] – Die Frage ist, ob Bonhoeffer mit diesen Einwänden getroffen wird. Nach der vorangegangenen Darstellung dessen, was Bonhoeffer gewollt hat, ist jedenfalls deutlich:

- Bonhoeffer hat an keiner Stelle alles, „was religiös wertvoll" war, über Bord geworfen. Er wandte sich in keiner Weise gegen Glaube, Kirche, Meditation, Gebet, Dasein Gottes und am allerwenigsten gegen eine persönliche Christusbeziehung!
- Bonhoeffer hat seine Aussage von der Religionslosigkeit und Mündigkeit der Welt, wie wir bereits gezeigt haben, nicht in erster Linie auf eine Zeitanalyse gestützt. Er war weit davon entfernt, seiner von der nationalsozialistischen Ideologie beherrschten Zeit pauschal Mündigkeit zuzusprechen.
- Bonhoeffer war keineswegs der Meinung, daß die meisten Menschen religionslos-mündig leben. Er berichtete von vielen Begegnungen im Gefängnis mit unmündigen Menschen und konstatierte: „Die perturbatio animorum greift außerordentlich um sich" (270) – Und: „Der Mensch wird wieder auf sich selbst verwiesen. Mit allem ist er fertiggeworden, nur nicht mit sich selbst" (413). Mündig war nur die kleine Elite auch von Nichtchristen, denen Bonhoeffer z.B. in der Widerstandsbewegung begegnet war.

Gewiß konnte Bonhoeffer die heutigen neuen religiösen Bewegungen nicht vorausahnen. Da sein Urteil aber nicht primär zeitgeschichtlich, sondern in erster Linie systematisch zu verstehen ist, wird die Aussageabsicht Bonhoeffers durch die Wiederkehr der Religion und der Mythen keineswegs in Frage gestellt, vielmehr wird seine Sicht bestätigt. Denn trotz aller Religiosität der Gegenwart gilt nach wie vor, was Bonhoeffer herausstellte und auch Heinz Zahrnt im Blick auf die heutige Zeit entdeckt hat: „Im Sinne eines Nutzeffekts – um gut durchs Leben zu kommen, um einen festen Halt zu haben, um moralisch gebessert zu werden oder um die Welt zu erklären, den Staat zu stützen, die Gesellschaft zu verändern, braucht der Mensch Gott nicht … Der christliche

[26] A.a.O., S. 66. Zitat aus Carl Heinz Ratschow, Standort-Bestimmung gegenwärtiger evangelischer Theologie, in: Theologische Literaturzeitung, 1969, S. 724.

Glaube ist nicht das einzige Mittel, um dem Leben Sinn zu geben, Gewalt einzudämmen, die Umwelt zu schützen, dem partiellen oder totalen Selbstmord Einhalt zu gebieten. Viele Zeitgenossen sehen schon lange nicht mehr ein, warum sie in schwarzer oder violetter Verpackung kaufen sollen, was sie im Geschäft nebenan mit einer roten oder grünen Schleife oder um die Ecke sogar ohne alle Verpackung und Verzierung bekommen können."[27]

Das zentrale Charakteristikum, das Bonhoeffer für Religionslosigkeit, Mündigkeit, Weltlichkeit anführt, nämlich *die Entwicklung hin zur Autonomie,* hat sich trotz der wiederkehrenden Religiosität in der Gegenwart voll bestätigt. Denn nicht Bindung an eine konkrete historische Religion wie Judentum, Christentum, Islam usw. ist gefragt, sondern „autonom" bedient sich der einzelne in einem großen religiösen Supermarkt mit Elementen, die er für sich und sein „feeling" als nützlich erachtet. Schon 1974 hat Helmut Aichelin Charakteristika der neuen Religiosität zusammengestellt. Ziele sind Bewußtseinserweiterung, Selbsterfahrung, Selbstverwirklichung, Psychedelik und kosmische Einheitserfahrung in Kreativität und Sensibilität.[28] Religion wird mithin der Autonomie untergeordnet. Wie eine Ware werden verschiedenste Elemente nach persönlichem Geschmack frei ausgesucht und synkretistisch verbunden. Das christliche Gottesverständnis: „Gott ist der ganz andere" – „Gott als personales Gegenüber" wird dabei vertauscht gegen einen konturenlosen Monismus nach den Prinzipien „Gott ist in allem" – „Ich bin ein Teil von Gott"[29]. Das neue Credo lautet z.B.: „daß alle Religionen wahr und unwahr sind und sich jeder seine eigene Religion selbst zusammenzimmern muß", „daß ich mich von anerzogenem Traditionsballast erst frei machen muß, um zu mir selbst zu finden". Geglaubt wird „an Gott und Satan, die sich in mir und im Kosmos zeigen", „an paranormale Phänome", „an nichts Übernatürliches", „an mich selbst (ich versuche es zumindest)".[30]

---

[27] H. Zahrnt, Gotteswende, S. 103.

[28] Helmut Aichelin, Das Wiedererwachen des Mythos. Was ist neu an der „Neuen Religiosität"? Information der Evang. Zentralstelle für Weltanschauungsfragen, Nr. 56, Stuttgart 1974, S. 24-26.

[29] Heiner Barz, Postmoderne Religion. Die junge Generation in den Alten Bundesländern (Jugend und Religion, Bd. 2), Opladen 1992, S. 120f.

[30] A.a.O., S. 115.

Hiermit sind, wenn auch in neuer Erscheinungsform, die Charakteristika des Religiösen, wie sie Dietrich Bonhoeffer gekennzeichnet und abgelehnt hat, aufgezeigt: Dem Religiösen haftet etwas Beliebiges an. Man kann auch ohne es auskommen. Man läßt aber „Gott" oder das „Transzendente" aufmarschieren, wenn man sich davon Nutzen verspricht. Immer steht der Mensch mit seinen eigenen Absichten und Zielen im Mittelpunkt. Das Religiöse ist partiell, es nimmt den Menschen nur teilweise in Anspruch. Auf keinen Fall ist jedoch Gott der Herr der Welt, dem man sich absolut verpflichtet fühlt. – Vollkommen abwegig ist daher – auch wenn es einem verbreiteten Trend in den Kirchen entspricht –, was Heinz Zahrnt fordert. Er meint, der Dialog mit der neuen Religiosität sei für das Christentum in der Form lebensnotwendig, daß das Christentum „sich selbst auch wieder als ‚Religion' verstehen lernt"[31]. – Dahin führt also die verbreitete und verfehlte Bonhoeffer-Interpretation, die seine Thesen von der Religionslosigkeit lediglich geistesgeschichtlich auffassen will und daher konstatieren muß, Bonhoeffer habe sich geirrt: Die Forderung, daß auch das Christentum sich neu als Religiosität etabliert, bewirkt, daß die Kirche mit ihrer „Religion" gegen andere Angebote auf einem religiösen Supermarkt um Akzeptanz ihrer „Ware" buhlen muß. Dabei hat sie allerdings von vornherein schlechte Karten, haftet ihr doch die Tradition und der Geruch des Autoritären an! Wieso soll man sich der Kirche anvertrauen und gar Kirchensteuer zahlen, wenn man gleiche „Ware" freier und im wahrsten Sinne des Wortes billiger in jedem Esoterik-Laden finden kann? Die Kirche, die sich auf diese Linie einläßt, wandelt sich von der Kirche des Wortes und Sakramentes in die gängige Spiel-, Bastel- und Psychokirche, die sich trotz – oder gerade wegen – aller dieser Bemühungen hoffnungslos auf verlorenem Posten befindet!

Im Sinne Bonhoeffers ist hingegen nicht Anpassung an die gängige „platte und banale" Religiosität gefragt, sondern eine nichtreligiöse Interpretation biblischer Begriffe, damit Jesus Christus „wirklich Herr der Welt" (306) ist! Voraussetzung dazu ist, die Eindimensionalität des monistischen Denkens aufzubrechen.[32] Die

---

[31] H. Zahrnt, Gotteswende, S. 59.

[32] Es ist das „bleibende Recht der Frankfurter Schule" (Hugo Staudinger), auf die Eindimensionalität der wissenschaftlich-technischen Zivilisation hingewiesen zu haben. Vgl. Herbert Marcuse, Der eindimensionale

Eindimensionalität wird ja durch die Religiosität, die nur Fluchträume aus der Wirklichkeit bereitstellt, gerade nicht in Frage gestellt: Letztlich bleibt der religiöse Mensch immer bei sich selbst. Nach der Rückkehr vom religiösen „Trip" bleibt alles, wie es war, die Welt bleibt unverändert, und die psychische Not der Menschen ist – wie beim Drogengenuß – größer als vorher.

An dieser Stelle werden Bonhoeffers Beobachtungen neu aktuell: „Die paar sentimentalen Radioschlager mit ihrer gesuchten Naivität und leeren Primitivität sind der klägliche Rest und das Maximum dessen, was man sich an inneren Strapazen auferlegen läßt – eine schauerliche Verödung und Verarmung ... Wie sollen Menschen wohl irdische Spannungen aushalten, wenn sie von der Spannung zwischen Himmel und Erde nichts wissen" (296)? Bonhoeffer beobachtet im Gefängnis, „daß es so wenige Menschen gibt, die viele Dinge gleichzeitig in sich beherbergen können; wenn Flieger kommen, sind sie nur Angst; wenn es etwas Gutes zu essen gibt, sind sie nur Gier; wenn ihnen ein Wunsch fehlschlägt, sind sie nur verzweifelt; wenn etwas gelingt, sehen sie nichts anderes mehr. Sie gehen an der Fülle des Lebens und an der Ganzheit der eigenen Existenz vorbei; alles Objektive und Subjektive löst sich für sie in Bruchstücke auf. Demgegenüber stellt uns das Christentum in viele verschiedene Dimensionen des Lebens zu gleicher Zeit; wir beherbergen gewissermaßen Gott und die ganze Welt in uns" (340). Die Eindimensionalität soll aufgebrochen werden: „Man muß die Menschen aus dem einlinigen Denken herausreißen – gewissermaßen als ‚Vorbereitung' bzw. ‚Ermöglichung' des Glaubens, obwohl es in Wahrheit erst der Glaube selbst ist, der das Leben in der Mehrdimensionalität ermöglicht ..." (340f). Jesus Christus eröffnet die Mehrdimensionalität. Realistische Weltlichkeit ist gerade da möglich, wo der Glaube an Jesus Christus lebendig ist. Bonhoeffer bezieht sich auf das Chalcedonense und gebraucht ein musikalisches Gleichnis: „Wo der cantus firmus [der Christusglaube] klar und deutlich ist, kann sich der Kontrapunkt [die Weltlichkeit] so gewaltig entfalten wie nur möglich ... Ist nicht vielleicht die Polyphonie in der Musik uns darum so nah und wichtig, weil sie das musikalische Abbild dieser christologischen Tatsache und daher auch unserer vita christiana ist" (331)? Er denkt

---

Mensch. Studien zur Ideologie der fortgeschrittenen Industriegesellschaft, Neuwied/Berlin 1967.

weiter darüber nach: „Das Bild der Polyphonie verfolgt mich immer noch" (333). „Welch' eine Befreiung ist es, denken zu können und in Gedanken die Mehrdimensionalität aufrechtzuerhalten" (340).

Es folgt ein Beispiel nicht-religiösen Umgangs mit Menschen durch Dietrich Bonhoeffer: Bei Bombenangriffen, wenn die eindimensionalen Menschen „nur Angst" sind und Bonhoeffer bitten, doch zu beten, betet er gerade nicht. Damit würde er nur die Schwäche der Menschen ausnützen und vor allem keine echte Transzendenz eröffnen. Gott würde als Lückenbüßer in menschlichen Grenzsituationen erscheinen. Nach dem Angriff wäre alles vergessen. Vielmehr gilt es, als „Vorbereitung" für den Glauben, die Menschen ganz in die Situation hineinzustellen, sie ganz ins „Vorletzte" zu zwingen, damit das „Letzte" an die richtige Stelle rückt (vgl. 175f). Deshalb konstatiert Bonhoeffer nüchtern: „Ich habe es mir fast zur Regel gemacht, wenn die Leute hier vor dem Angriff zittern, immer nur davon zu reden, daß für die kleineren Städte ein solcher Angriff noch viel schlimmer wäre" (340). So verweigert Bonhoeffer den eindimensionalen Menschen das Gebet als Flucht aus Notsituationen; hingegen für die ruhigen Zeiten des gewöhnlichen Tagesablaufs im Gefängnis verfaßt er „Gebete für Mitgefangene" (158-161). Gott tritt so in die Mitte des Lebens.

Weltliche Interpretation biblischer Begriffe ist im heutigen Zeitalter des wiedererwachten Mythos, der Religion, des Spiritismus und der Gnosis[33] nötiger denn je! Denn all diese religiösen Methoden und Praktiken dienen nur dazu, der Wirklichkeit zu entfliehen, sie üben die von Marx kritisierte Opium-Funktion aus, die Realität erträglicher zu machen, aber sie verändern nichts. Es ist charakteristisch für unsere Zeit, daß sie, je religiöser sie wird, um so weniger die Zukunft verantwortlich zu gestalten bereit ist. Zum Beispiel wird einerseits nahezu allgemein der soziale Ausgleich befürwortet und die Absicherung in einer Wohlstandsgesellschaft genutzt; andererseits gerät die Verantwortung für das Gemeinwohl zunehmend in Vergessenheit, lassen sich einzelne und Gruppen immer mehr von Egoismus und Besitzstandsdenken leiten. Wie das zusammenpaßt, interessiert den eindimensionalen, evtl. durchaus religiösen Menschen nicht. – Einerseits wird die „Bewahrung der Schöpfung" und die Überwindung der Kluft

---

[33] Vgl. Micha Brumlik, Die Gnostiker. Der Traum von der Selbsterlösung des Menschen, Frankfurt a.M., 1992, passim.

zwischen arm und reich in der Welt postuliert, andererseits meint man mit fast utopischem Optimismus, dies ließe sich durch ein paar Appelle an den guten Willen ohne grundsätzliche Änderung der eigenen Lebensführung erreichen. So ist es geradezu zum Kennzeichen des privaten und öffentlichen Handelns in der Gegenwart geworden, nichts zu entscheiden, die Probleme vor sich herzuschieben und die Verantwortung auf andere abzuwälzen. Die moralisierende Religiosität dient indessen dazu, daß man sich „gut fühlt".

4. Christliche Verantwortungsethik

Ist unsere Welt also doch nicht mündig? – Das Urteil über die Mündigkeit der Welt gilt – unabhängig vom Kommen und Gehen religiöser Wellen – heute genau so wie zu Bonhoeffers Zeiten. Bonhoeffers Rede von der Mündigkeit beruht nicht primär auf einer Analyse der kurzfristig aktuellen Situation, sondern sie bezieht sich auf die Möglichkeit der Welt, „ohne Gott" fertig zu werden. Die derzeitige Wiederkehr der Religion ändert nichts daran, daß die großen Entscheidungen in Politik und Wirtschaft, ja auch die meisten Entscheidungen der einzelnen im Privatleben nach wie vor „ohne Gott" getroffen werden. Deshalb gilt es, in erster Linie sachlich-nüchterne weltliche Menschen, die ihr „tägliches Leben in Arbeit und Familie und gewiß auch mit allerlei Seitensprüngen" (358) zubringen, als Adressaten der Verkündigung anzusehen, nicht hinterweltlerische Gurus, selbst wenn diese viel Szenenapplaus erhalten.

Nicht-religiöse Interpretation ist eine „Letztes" und „Vorletztes" unterscheidende Interpretation, die zugleich um die Einheit beider in der Christuswirklichkeit weiß.[34] Sie nimmt das Letzte ernst und zwingt die Menschen, sich ganz der gegebenen Situation zu stellen, ohne hinterweltlerisch religiöse oder ideologisch-säkularistisch-religiöse Ausflüchte. Sie zwingt zur Illusionslosigkeit, zum Realismus und gleicht darin den besten Vertretern einer mündig gewordenen Welt. Zugleich verweist sie auf die Verantwortung. Verantwortliches Leben ist wiederum nicht durch

---

[34] Vgl. E., S. 128ff: WEN, S. 58; 176; 189; 277; 306; 340f; 357; 374.

Flucht aus der Situation oder durch Illusionismus möglich, sondern durch den Hinweis auf die Stärken der Menschen. Der Verantwortliche sieht zuerst auf das, was er tun und gestalten kann, bevor er von seinen Grenzen spricht.

Die Verantwortung läßt nach der Instanz fragen, vor der eine Tat zu verantworten ist. Hier nennt Bonhoeffer die drei Dimensionen der Verantwortung: Vor dem eigenen Gewissen, vor den anderen Menschen und vor Gott.[35] Damit erst kommt „das Letzte", Gott selbst, ins Blickfeld. Der Bezug auf Gott verändert auch das Verhältnis zum eigenen Gewissen und zum Mitmenschen. Das eigene Gewissen und den Nächsten kann ein säkularisierter Mensch durchaus als Bezugspunkte seiner Verantwortung anerkennen, Gott im Sinne eines auf seine Gebote verpflichtenden Bundesgottes jedoch nicht. Hier nun hat die Verkündigung und der Wetteifer um die bessere Gerechtigkeit einzusetzen, nicht bei den Schwächen der Menschen, sondern bei ihren Stärken, bei ihrer Verantwortung.

Dabei gilt freilich: „Wenn man von Gott ‚nichtreligiös' sprechen will, dann muß man so von ihm sprechen, daß die Gottlosigkeit der Welt dadurch nicht irgendwie verdeckt, sondern vielmehr gerade aufgedeckt wird und gerade so ein überraschendes Licht auf die Welt fällt. Die mündige Welt ist gottloser und darum vielleicht gerade Gott-näher als die unmündige Welt" (396). Erst wenn man um die verantwortliche Gestaltung der Situation gerungen hat und dabei wirklich an die Grenzen des Machbaren, an Leid, Schuld und Tod gestoßen ist, darf man vom Letzten sprechen. Dann heißt vom Letzten zu reden aber nicht, einen salto mortale ins Jenseits zu vollziehen, vielmehr bedeutet „... die freie Entscheidung für Christus ... die Gewinnung der letzten Einheit ..."[36]. Hier gilt die Polyphonie des Lebens, die aber erst dem Glauben selbst voll einsichtig wird, wie Bonhoeffer zeigte: „Gott und seine Ewigkeit will von ganzem Herzen geliebt sein, ... gewissermaßen als cantus firmus, zu dem die anderen Stimmen des Lebens als Kontrapunkt erklingen ... Wo der cantus firmus klar und deutlich ist, kann sich der Kontrapunkt so gewaltig entfalten wie nur möglich" (331). Die Einheit ist in Jesus Christus gegeben. Die Vergebung und die Auferstehungshoffnung verweisen den Christen in

[35] Vgl. E., S. 263.

[36] Ebd.

„noch verschärfter Weise an sein Leben auf der Erde“ (369) zurück!

Nicht-religiöse Interpretation biblischer Begriffe wird darum, wenn sie recht geschieht, zentrale Christuspredigt sein, die den Menschen in der „Mitte“ seines Lebens, in seiner Verantwortung, die Antwort fordert, anspricht.

Hat sich Bonhoeffer mit seiner These von der Religionslosigkeit geirrt? Gewiß konnte er das gegenwärtige Wiederaufleben einer neuen Religiosität nicht vorausahnen. Doch das ist nicht entscheidend. Vielleicht wird die heutige Religiosität genau so unvermittelt wieder verschwinden, wie sie gekommen ist. Was Bonhoeffer aber in seinen Gefängnisbriefen über die Verkündigung des Evangeliums in der nachaufklärerischen Gegenwart und die daraus folgende Ethik gesagt hat, sprengt die Fesseln hinterweltlerischer und säkularistischer Frömmigkeitsformen und entbindet die befreiende Botschaft von Jesus Christus als dem Herrn der Welt auch für unsere Zeit.

Sabine Leibholz, geb. Bonhoeffer

Eugen Rosenstock-Huessy und Dietrich Bonhoeffer – Zwei Zeugen der Wende in unserer Zeit[1]

Das In-Beziehung-Setzen von Eugen Rosenstocks Lehre und Wirken und Dietrich Bonhoeffers Leben und geistiger Hinterlassenschaft bedarf für mich keines künstlichen Hereinholens, sondern drängt sich mir auf. Es ist sehr vieles gemeinsam von beiden Männern geglaubt, gehofft, geahnt und getan worden. 1950 lernte ich Eugen Rosenstock-Huessy kennen. Er war auf seiner ersten Europa-Reise nach dem Krieg und hielt eine Gastvorlesung in Göttingen. Fünf Jahre waren vergangen, seitdem mein Zwillingsbruder Dietrich Bonhoeffer von der Gestapo im Konzentrationslager Flossenbürg ermordet worden war. Er war inzwischen in vielen Herzen lebendig geworden, aber wohl am wenigsten in denen der älteren deutschen Theologen, während Laien sowie die junge Theologengeneration sich eifrig mit ihm zu beschäftigen begannen. Auch die Kirche blieb – mit wenigen Ausnahmen – skeptisch und zurückhaltend wegen seiner Aktivität im Widerstand. Wir versuchten gerade, nach unserer Emigration nach England, uns wieder in die Göttinger Universität einzuleben, von der mein Mann durch den nationalsozialistischen Terror vertrieben worden war. Eugen Rosenstock und wir kamen aus Ländern der Freiheit in die alte Heimat, und wir alle fanden es gar nicht leicht, zurückzukehren. Mit Eugen Rosenstock konnte ich sofort von Dietrich Bonhoeffer sprechen. Er erfaßte gleich als wesentlichste Handlungen Dietrich Bonhoeffers seine Rückkehr aus den sicheren USA in das waffenstarrende Deutschland von 1939 und seine Arbeit im Widerstand gegen Hitler aus freier Verantwortung, entgegen der Tradition, allein um des Behauptens des Christentums und des Menschlichen willen. Für Eugen Rosenstock verschwand Dietrich Bonhoeffers Theologie hinter seinem Handeln. Er sprach es einmal so

[1] Mit freundlicher Genehmigung aus: UNIVERSITAS, Zeitschrift f. Wissenschaft, Kunst und Literatur. H. 4/1966, S. 413-424; Wissenschaftliche Verlagsgesellschaft, Stuttgart.

aus: Es sei das Wesentliche, „in der Bereitschaft mitleidender Teilnahme in die Not des Ganzen einzugehen und opferwillig daraus auch neue, unerhörte, ungewußte Gedanken und Entschlüsse zu fassen". Dietrich Bonhoeffer hat diesen Satz gelebt.

Ich hörte 1950 Eugen Rosenstocks Vorlesungen. Solche Sprache war in Deutschland sonst nicht auf akademischen Kathedern zu hören. Die Intensität und Leidenschaft seines Vortrags, die Imperative und Vokative, diese ernste eindringliche Schönheit seiner Sprache waren ebenso ungewöhnlich wie das persönliche Angesprochenwerden in der Vorlesung. Das Erstaunen der Hörer lag auf ihren Gesichtern. Mich erinnerte die große menschliche Wärme Eugen Rosenstocks im Gespräch, sein aufmerksames Zuhörenkönnen und das dem Sprecher immer ganz intensiv zugewandte Gesicht sehr an meinen Bruder Dietrich Bonhoeffer. Ein Schmerz und ein Rätsel zugleich war es für mich, daß Eugen Rosenstock und Dietrich Bonhoeffer sich nie begegnet sind. Freilich war Dietrich Bonhoeffer erst 27 Jahre, als Eugen Rosenstock 45jährig 1933 Deutschland verließ und in die USA einwanderte. Wie fruchtbar wären Gespräche der beiden so vorwärtsweisenden Männer gewesen, die so viele gemeinsame Anliegen hatten. Eugen Rosenstock hatte in seiner Schrift bereits 1919 prophetisch das Kommen eines „Lügenkaisertums" vorausgesagt. Er schrieb damals unter dem Titel „Ehrlos – Heimatlos": „Die grenzenlose Bangigkeit wird noch viele Deutsche in den kommenden Jahrzehnten zu Revancheplänen, Restaurationsversuchen und gewaltsamen Empörungen treiben. Wir werden den Versuch eines Lügenkaisertums durchzumachen haben, weil diese Kräfte nicht rasten werden, bis sie widerlegt sind. Der Nationalist haßt den Demokraten, den der Ehrverlust nicht genug brennt, der Demokrat haßt den Nationalisten, den die Not des Landes nicht genug rührt ... Aber wir wollen nichts sein als das kurze Kabelstück, welches den Riß zwischen gestern und morgen gläubig überwindet."

Auch die Kirche in ihrer Windstille wollte Eugen Rosenstock damals schon aufrütteln. „Allen Verfassungsurkunden und Gesetzen", so schrieb damals Eugen Rosenstock, „lag die Leistung der Kirche vorauf. Sie hat den Sprachquell des gesamten Menschengeschlechts neu gefaßt. Doch das Wort kann heute versiegen ..." Nun meint er, „der Angriff ruft ins Leben". Daß die Kirche aus ihrer Isolierung heraus muß, das sprach und spricht er immer wieder aus. „Damit aus den kollektiven Massen noch Seelen hervorgehen können, muß die Kirche gerade die teuflischen Anklagen aus diesen herauslocken", meint Eugen Rosenstock. „Sie muß sich in die Flüche verlieben, weil in ihnen wenigstens der erste Odem einer Seele heraufdrängt. Die Kirche horche! Der Aufschrei der Kreatur erhalte den Vortritt. Erst dann kann die Kirche ihr zweites Wort sprechen." Und später schreibt er: „The pious hatred of the Puritans against curses by now has made man impotent to bless." Auch Dietrich Bonhoeffer war erschüttert von dem Versagen der Sprache der Verkündigung. So sagte er: „Die Kirche muß aus der Stagnation heraus. Wir müssen es auch riskieren, anfechtbare Dinge zu sagen. Unsere Kirche, die in diesen Jahren nur um ihre Selbsterhaltung gekämpft hat, als wäre sie ein Selbstzweck, ist unfähig, Träger des persönlichen und erlösenden Wortes für die Menschen zu sein. Darum müssen die früheren Worte kraftlos werden. Aber der Tag wird kommen, an dem wieder Menschen berufen werden, das Wort Gottes so auszusprechen, daß sich die Welt darunter verändert und erneuert. Es wird eine neue Sprache sein, vielleicht ganz unreligiös, aber befreiend und erhebend wie die Sprache Jesu. Bis dahin wird die Sache des Christen eine stille und verborgene sein. Aber es wird Menschen geben, die beten und das Gerechte tun und auf Gottes Zeit warten."

Wenn Eugen Rosenstock die Rechtzeitigkeit einer Handlung als lebenswichtig aufzeigt, auch Dietrich Bonhoeffer hatte das Gespür für sie. Zur rechten Zeit opferte Dietrich Bonhoeffer auch seine akademische Laufbahn. „... denn ein jegliches hat seine Zeit, und alles Vornehme unter dem Himmel hat seine Stunde." Beiden Männern ist der Sinn für das, was an der Zeit ist, eigen. Schutthalden versäumter Tage gab es bei ihnen nicht. Sie nutzten die Gunst des Augenblicks. Auch daß man nicht von Gott ohne den Menschen und nicht vom Menschen ohne Beziehung zu Gott sprechen kann, daß alle Theologie nur im Wechselseitigen ihren Bestand und Sinn hat, ist eine Einsicht beider Männer. Eberhard Bethge sagt von Dietrich Bonhoeffer: „Er wußte, daß Worte nur Gewicht haben, wenn sie die Ermächtigung der Situation und der Persönlichkeit mit sich tragen. Er war gequält von der Zungenfertigkeit, von der langweiligen Gedehntheit des christlichen Redens und des Predigens, des Dreinredens und des Darüberhinredens. Er hat gemeint, daß man lieber vor den Kopf stoßen solle, als die Kostbarkeit des Evangeliums aufs Spiel zu setzen." Auch darin sind sich beide Männer einig.

Beide haben es auch nicht lange bei den klassischen theologischen Kämpfen ausgehalten, und ein Greuel ist ihnen jede intellektualistische Spielerei in der Theologie. Das „Zu-denken" – Eugen Rosenstock nennt es auch das Dative Denken – formt auch Dietrich Bonhoeffers letzte Gedankengänge für seine Freunde im Widerstand. Die Prüfungen brachten Überprüfungen sowie der biblischen Begriffe als auch des Christseins überhaupt, und sein Zuspruch für die Mitgefangenen und seine im Gebet und der Fürbitte gewonnenen neuen theologischen Einsichten wären ohne dieses Zudenken nicht so wirklichkeitsnah und wirksam gewesen. Eugen Rosenstock hat der Sprache ein langes Leben gewidmet und gerade jetzt sein neues Werk: „Die Sprache des Menschengeschlechts". Die Erfahrung seines Sprechens, daß nämlich das Wort, das mit Vollmacht gesprochen wird, Sprecher und Hörer verwandelt, wird von vielen seiner Hörer bestätigt. Die mächtige Seele bewirkt den mächtigen Stil. An Initiative fehlte es beiden Männern nie. Dietrich Bonhoeffer hatte den Wunsch nach mehr Gemeinschaft schon mit seinen ersten Konfirmanden vom Berliner Wedding und baute eine kleine Wochenendstätte für das Zusammensein mit ihnen. Später in seinem Finkenwalder Predigerseminar für junge Theologen der Bekennenden Kirche lebte er mit ihnen das „gemeinsame Leben", das er in seinem gleichnamigen Buche beschreibt. Diese Zeit hat Dietrich Bonhoeffer als eine besonders erfüllte, glückliche Zeit empfunden, trotz aller Schwierigkeiten und Gefahren.

In den zwanziger Jahren spricht Eugen Rosenstock aus, daß heute der Widerspruch zwischen unseren Worten, die wir gesprochen haben, und unseren eigenen Taten unsere eigentliche Sünde ist. Visser 't Hooft sagt von Dietrich Bonhoeffer: „Ist nicht dieser Hunger und Durst nach Wirklichkeit, nach Inkarniertheit, nach Jatun und nicht nur Ja-sagen der eigentliche Schlüssel zu Bonhoeffers Botschaft?" In Eugen Rosenstocks 1965 erschienenem, umfangreichen Werk von der „Sprache des Menschengeschlechts" heißt es: „Christus stellt so die eigentliche Ordnung zwischen dem gesprochenen Wort und dem gelebten Leben wieder her. Worte sollten gegebene Befehle und verkündete Verheißung sein. Leben bestehe aus ausgeführten Befehlen und erfüllten Verheißungen. Dies ist das eigentliche Ziel aller Sprache gewesen, seitdem der Mensch gesprochen hat." Für Eugen Rosenstock ist Religiosität nicht ein Produkt seelischer Anlagen, sondern der Mensch wird von Gott ergriffen, angerufen und antwortet. Er tritt so in die Gegenseitigkeit ein und gewinnt seine Wirklichkeit.

An freien bewußten Verzichten war der Lebensweg Eugen Rosenstocks reich. Er wollte sich nicht spalten und nicht schubkästeln lassen. Er denkt nicht in festen Kategorien und Systemen; er haßt Abstempelungen, aus denen in unser Leben soviel Zwang, Verhärtung und Langeweile kommen. Drei lockenden Angeboten kehrt er nach dem Zusammenbruch 1918 den Rücken. Breitscheid will ihn als Unterstaatssekretär für die neue Verfassung nach Berlin haben, Leipzig mit seiner angesehenen juristischen Fakultät, an der Eugen Rosenstock sich vor dem Krieg 24jährig habilitiert hatte, winkt dem 30jährigen mit einem sofortigen Extraordinariat – nach 4½ Jahren Frontdienst – wegen der erwarteten Studentenmassen. Carl Muth möchte ihn nach München holen für die Zeitschrift „Hochland". Eugen Rosenstock schreibt auch den entscheidenden Leitartikel „Der Kreuzzug des Sternenbanners". Er will aber jenseits von Staat, Universität und Kirche sein Nach-Weltkriegs-Tun beginnen und nimmt etwas an, worin seine neugewonnenen Einsichten zum Leben kommen können: Er redigiert eine Werkzeitung von Daimler-Benz. Mit Picht, Karl Barth, Leo Weismantel und Hans und Rudolph Ehrenberg gründet er später den „Patmos"-Verlag.

Aber Eugen Rosenstock ist keineswegs nur ein Mann der Feder. Er schuf das erste Arbeitslager für Studenten, Industriearbeiter und Bauern, er bahnte den Weg für eine Akademie der Arbeit in Frankfurt, er lehrte an den Stätten der Erwachsenenbildung und brachte Leben mit seiner Lehre hinein. Rosenstock wirkte 1925 mit an der Reihe der Tagungen zur Ausbildung von Volksbildnern und leitete Kurse auf der Comburg an der Schule für Erwachsenenbildung. Die World Association for Adult Education wählte ihn 1929 in den Vorstand. Aus seinem ersten Arbeitslager für Bauern, Studenten und Industriearbeiter fanden sich später wieder einige Freunde, die von Eugen Rosenstock geprägt worden waren, im Kreisauer-Kreis zusammen, und im Widerstand gegen Hitler gaben Helmuth James Graf von Moltke, Peter Graf Yorck von Wartenburg (Eugen Rosenstocks Doktorand) und andere von ihnen ihr Leben. Den Pädagogen Adolf Reichwein, der demonstrativ 1932 noch zur SPD ging, hatte Rosenstock zum Mit-Leiter des ersten Arbeitslagers 1926 gemacht. 1944 wurde er zum Tode verurteilt. Theodor Steltzer versuchte 1928 als Landrat dem Beispiel der schlesischen Arbeitslager nachzufolgen. Auch mit Hans Peters, der Rosenstocks Fakultät angehörte, war er immer in Kontakt. Horst von Einsiedel, der im Konzentrationslager Sachsenhausen starb, ging ganz in der Arbeit mit Eugen Rosenstock auf, der ihn als „die Seele der Arbeitslager" benennt.

In Amerika half Eugen Rosenstock das Camp William James, das für den Präsidenten Roosevelt Führungskräfte ausbildete, zu gründen. Er ist ein immer tätiger, unendlich fleißiger Arbeiter und hat es sich im Leben nie leichtgemacht. In seinen Schriften kämpft er den guten Kampf des Glaubens, oft so radikal, daß er den Leser brüskiert und irritiert, aber niemals sind sie belanglos-ästhetisierend.

Die Einseitigkeit des akademischen Lebens hat Eugen Rosenstock stark angegriffen. Die Universitäten hat er immer wieder zum Umdenken aufgefordert, von seinen Lehrstühlen in Breslau, Harvard, Dartmouth, vom Katheder in Münster und Göttingen, und hat in vielen Schriften verzweifelt um sie gerungen. Er hat die Erfahrung gemacht, daß es in den Universitätsvorlesungen, abgesehen von den theologischen, nicht erlaubt ist, von Gott gläubig zu sprechen, da dies ihn in den Augen der Akademiker als unwissenschaftlich qualifiziert. Es lag Eugen Rosenstock auch daran, es durchzukämpfen, daß jeder Krieg mit einer Strukturveränderung der Universität beantwortet werden müsse. Daß das Wesentliche wieder nicht geschah, daß es beim Tabu Gottes blieb, darunter litt er schwer, ehe er sich von dieser Plattform, die er nicht mehr für die seine hielt, löste. Er bildete sich nicht ein, „*vor* dem angenehmen Jahre des Herrn" mit seiner „Soziologie zu Hause zu sein", und er schrieb eine Soziologie ohne Tabu.

Für seine Bücher hat Eugen Rosenstock nicht das breite Publikum gewonnen, obwohl sein Wissen enorm ist und er eine ganze Universität in sich „beherbergt". Aber er erwartet von seinen Lesern die Fähigkeit, umdenken zu können, und die Bereitschaft, neue Ufer anzusegeln. Von der nicht zweckbetonten Begegnung, von dem Gespräch mit der „Soul on the Highway" verspricht er sich viel. Dem Nach-denken traut er wenig zu, seine Vorausschau ist oft verblüffend, er sieht immer einen noch dahinterliegenden Horizont.

Auch Dietrich Bonhoeffer schreibt 1934 – auch er hatte sich schon mit 24 Jahren an der Berliner Universität habilitiert –: „An die Universitäten glaube er nicht mehr, habe ja eigentlich nie an sie geglaubt." Es gelang Eugen Rosenstock immerhin, Universitätsseminare zusammenzubringen, in denen drei bis vier Dozenten verschiedener Fakultäten mit ihren Studenten auf 14 Tage im Boberhaus, wo sonst sein Arbeitslager gehalten wurde, sich einfanden, um sich dort „zusammenzusprechen" – wie Eugen Rosenstock es nennt –, statt sich „auseinanderzusetzen".

Alle Lebensimpulse Eugen Rosenstocks kommen aus dem Wort. In der Gemeinschaft der Widerstandskämpfer und in ihrem Sterben sieht er überkonfessionelles Christentum verwirklicht.

Dietrich Bonhoeffer sucht 1944, von der Welt abgeschlossen, seit 1¼ Jahren in Einzelhaft gefangengehalten, erstaunlicherweise nicht die Befreiung in den jenseitigen Tröstungen, sondern erkennt gerade jetzt die volle Diesseitigkeit des Christentums.

Es ist für mich einer seiner entscheidendsten Briefe, in dem er schreibt: „Ich habe in den letzten Jahren mehr und mehr die tiefe Diesseitigkeit des Christentums kennen und verstehen gelernt. Nicht ein homo religiosus, sondern ein Mensch schlechthin ist der Christ, wie Jesus Mensch war. Nicht die platte banale Diesseitigkeit der Aufgeklärten, der Betriebsamen, der Bequemen oder der Lasziven, sondern die tiefe Diesseitigkeit, die voller Zucht ist und in der die Erkenntnis des Todes und der Auferstehung immer gegenwärtig ist, meine ich. Ich erinnere mich eines Gesprächs, das ich mit einem französischen jungen Pfarrer hatte. Wir hatten uns ganz einfach die Frage gestellt, was wir mit unseren Leben eigentlich wollten. Da sagte er: Ich möchte ein Heiliger werden. Ich halte es für möglich, daß er es geworden ist. Das beeindruckte mich damals sehr. Trotzdem widersprach ich ihm und sagte ungefähr: Ich möchte glauben lernen. Lange Zeit habe ich die Tiefe dieses Gegensatzes nicht verstanden. Ich dachte, ich könnte glauben lernen, indem ich selbst so etwas wie ein heiliges Leben zu führen versuchte. Als das Ende dieses Weges schrieb ich wohl die ‚Nachfolge'. Heute sehe ich und erfahre es bis zur Stunde, daß man erst in der vollen Diesseitigkeit des Leben glauben lernt, wenn man völlig darauf verzichtet hat, aus sich selbst etwas zu machen, sei es einen Heiligen oder einen bekehrten Sünder oder einen Kirchenmann, eine sogenannte priesterliche Gestalt, einen Gerechten oder einen Ungerechten, einen Kranken oder einen Gesunden, und dies nenne ich Diesseitigkeit, nämlich in der Fülle der Aufgaben, Fragen, Erfolge und Mißerfolge, Erfahrungen und Ratlosigkeiten zu leben. Dann wirft man sich Gott ganz in die Arme, dann nimmt man nicht mehr die eigenen Leiden, sondern das Leiden Gottes in der Welt ernst, dann wacht man mit Christus in Gethsemane. Und ich denke: das ist Glaube, das ist Metanoia. Und so wird man ein Mensch, ein Christ." Diese Worte schrieb er nach dem Mißlingen des Attentats auf Hitler am 20. Juli 1944.

In Eugen Rosenstocks Buch „Des Christen Zukunft" lesen wir: „Heute sind wir dazu aufgerufen, den Stolz auf die Gewißheit, überhaupt Christen zu sein, zu opfern. Ich hoffe zu glauben; das ist aber auch alles, was die orthodoxen Menschen in den Irrungen und Wirrungen der Gesellschaft des Maschinenzeitalters zu stammeln vermögen. So muß nun heute die Liebe Christi und der Glaube an Gott durch die Hoffnung auf den Geist gestärkt werden. Nur Menschen, die hoffen, werden geduldig genug sein, um zuzuhören. Obgleich ich glaube, daß die Kirche eine göttliche Schöpfung und daß auch das Athanasianische Glaubensbekenntnis wahr ist, glaube ich ebensosehr, daß der Kirche und dem Glaubensbekenntnis für die Zukunft ein weiterer Anspruch auf Leben nur durch Inkognito-Dienst gewährleistet werden kann. Die Eingebungen des Heiligen Geistes werden nicht innerhalb der sichtbaren oder der predigenden Kirche verbleiben. Die hörende Kirche wird die älteren Formen der Anbetung entlasten müssen. Dieses muß durch ein Zusammentreten der Glaubensstarken in präkonfessionellen Gruppen geschehen, die ihre Hoffnungen in gemeinsamer Arbeit und gemeinsamem Leid an den Tag legen und so des Einbruchs eines neuen Erbarmens harren, welches das moderne Leben von dem Fluch des Zerrissenseins und der Mechanisierung erlöst. Das Christentum selbst kann von den Toten auferstehen, wenn es jetzt seine eigene letzte Selbstsucht ablegt, um Christi Namen zu Ehren zu bringen, müssen wir endlich etwas weniger vorlaut von unserer Christlichkeit ausgehen ... Ganz und gar aus der Welt auswandern mußten die ersten Christen einer unchristlichen Welt gegenüber; das taten damals ihre Heiligen und Märtyrer"; aber heute, meint Eugen Rosenstock, müssen Christen in den Alltag einwandern. „Die Gegenüberstellung weltlich – weltabgewandt ist nicht mehr angebracht."

Den Theologen wirft Eugen Rosenstock vor, daß sie „Gott in absentia" behandeln, „den Glauben ohne die Fleischwerdung und die Welt ohne ihre Herrlichkeit". Er betont immer wieder, daß die Geschichte der theologischen Fragestellung ganz abhängig ist vom Gang des Glaubens und den Leiden der Menschen, die keine Theologen sind.

Auffallend ist auch die Freudigkeit, die von beiden Männern ausgeht, sowie das freundliche Ablesen der Wünsche von den Augen des andern. Das ist ja eine der Künste, die einer tiefen Selbstvergessenheit entspringt. Das Brüderliche vor allem ist ihnen gemeinsam: sofort für den zu unrecht Angegriffenen einzutreten, keinen Weg, keine Mühe, keinen Zeitaufwand zu scheuen, sich unterbrechen zu lassen und selbst den Pflichtenkalender beiseite zu schieben, wo sie eine Not sehen. „Nur wer für die Juden schreit, darf gregorianisch singen", ruft Dietrich Bonhoeffer während der Judenverfolgungen seinen Schülern zu. Ein andermal erklärt er: „Wenn ein Wahnsinniger mit dem Auto durch die Straße rast, kann ich mich als Pastor nicht zufriedengeben, die Überfahrenen zu trösten oder zu beerdigen, sondern ich muß dazwischenspringen und den Wagen stoppen." Ein Jahr vor seiner Verhaftung 1942 schreibt Dietrich Bonhoeffer in einem Brief: „Ich spüre, wie in mir der Widerstand gegen alles ‚Religiöse' wächst. Ich bin keine religiöse Natur. Aber an Gott, an Christus muß ich immerfort denken, an Echtheit, an Leben, an Freiheit und Barmherzigkeit liegt mir sehr viel. Nur sind mir die religiösen Einkleidungen so unbehaglich ... ich glaube, daß mir hier jetzt ein Knoten platzen soll ... und setze mich nicht zur Wehr. In diesem Sinne verstehe ich eben auch meine jetzige Tätigkeit auf dem weltlichen Sektor."

In der Einsamkeit der Zelle drängt es meinen Bruder zu immer neuen Vorstößen in die Zukunft des Christentums. Betrachten wir die Gedanken Dietrich Bonhoeffers zur „mündigen Welt", so muß vorangeschickt werden, daß Dietrich Bonhoeffer immer geglaubt hat, daß Christus der Herr auch dieser Welt, die nun mündig geworden ist, bleibt.

Eberhard Bethge, der nächste Freund und beste Interpret Dietrich Bonhoeffers, sieht es so („Mündige Welt"): Der Titel „könne dazu verleiten, Bonhoeffer vom falschen Ende her zu verstehen, als ob er mit der Anthropologie beginne und ende. Jeder, der in seine Welt eindringt, wird bald gewahr, daß das nicht so ist ... Und dann ist der (der Titel „Mündige Welt") ja doch auch ein kräftiger Fanfarenstoß, der nun eben zu dem Hymnus Christi gehört, welchen Bonhoeffer anstimmt. Er hat ihn in einem Augenblick ausgestoßen, als er die erbärmliche Unmündigkeit der Umwelt am eigenen Leibe zu spüren bekam bis zum Stummwerden. Genau da hat er sich zu ihrem Anwalt gemacht."

Was *jetzt* den mündig gewordenen Menschen gesagt werden solle, das Neu-Werden-Müssen der Verkündigung des Wortes Gottes, beschäftigte Dietrich Bonhoeffer vor allem. Gott soll nicht als „Lückenbüßer für unsere Verlegenheiten" beansprucht werden, das Evangelium ist „keine geistliche Apotheke", von „der Anbetung der Kraft und von ihrer Hybris" soll die Kirche sich abwenden und „von Bescheidenheit und Demut" sprechen oder schweigen. Christus hat selbst in unserer Zeit das Mündigwerden verursacht und das hier Für-andere-Dasein vorgelebt, das Teilnehmen an der Welt im Diesseits, das aus der Welt Herausgedrängt-Werden bis ans Kreuz. „An diesem Leiden Gottes an der gottlosen Welt mitzuleiden, wird der Mensch aufgerufen", sagt Dietrich Bonhoeffer.

„Könnt ihr nicht eine Stunde mit mir wachen? Das ist die Umkehrung von allem, was der religiöse Mensch von Gott erwartet." Christus hilft also „nicht kraft seiner Allmacht, sondern kraft seiner Schwachheit, seines Leidens". Schon haben die Worte von der mündigen Welt und der religionslosen Interpretation biblischer Begriffe Umdeutungen erfahren und zu verschiedenen Mißverständnissen geführt. Es will mir scheinen, daß Dietrich Bonhoeffers glühender Einsatz, sein Sterben – wie das vieler Widerstandskämpfer – das Sich-mit-hereinreißen-Lassen in die Not, die gelebte, „nicht-religiöse Interpretation" des Christseins ist, die die Kirche aber noch nicht anerkennen will. Wo Dietrich Bonhoeffer das Für-einander-Dasein als die Aufgabe des Christen und der Kirche setzt – er sagt einmal, „es gibt aber kaum ein beglückenderes Gefühl, als zu spüren, daß man für andere Menschen etwas sein kann, dabei kommt es gar nicht auf die Zahl, sondern die Intensität an. Schließlich sind die menschlichen Beziehungen doch einfach das Wichtigste im Leben" –, erhofft Eugen Rosenstock von der Kategorie der Gegenseitigkeit das Heil für seine beseelte Lehre von den Gemeinschaften des menschlichen Lebens. Mit den Worten: „Wir lieben ja einander, wir glauben aneinander, wir hoffen aufeinander, wir sprechen zueinander und wir leben füreinander", beendet er sein Buch „Der Atem des Geistes".

Zu dem Vorwurf der Illegalität des Christen, der Widerstandskämpfer wird, sagt Eugen Rosenstock: „Es ist keine Redensart, daß Jesus am Kreuz der Herr der Welt, der König Israels, der Stifter der Kirche, siegreich wurde, weil es in jenem Moment die legitime Gewalt nur in der Form des Illegitimen geben konnte. So waren Helmuth James von Moltke und Dietrich Bonhoeffer im Augenblick ihrer Hinrichtung *die* legitime deutsche Staatsgewalt, und zwar die einzige. Wer das leugnet, leugnet die Epoche ... Bonhoeffer ist ein Märtyrer, aber der Heilige Stephanus ist sein Urbild ... Jedenfalls steht eines fest, die Geschichte des deutschen Volkes ist dann unwiderbringlich zu Ende, wenn sich die Gewohnheit durchsetzen sollte, die Zeit von 1933 bis 1945 einfach auszulassen und zu übergehen, dort ein großes Loch zu lassen, und alles, was da geschah, zu verdrängen aus dem Bewußtsein, Gedächtnis und Diskussion, wie es doch ja weithin geschieht. An Ihrer Stellung zu diesem 20. Juli 1944 entscheidet es sich, ob Sie Ahnen für Ihr Deutschtum haben können. So wird die Geschichte wieder belebt durch Wiederhervorrufen, und wir müssen uns ab jetzt entscheiden, was von der Geschichte der Vergangenheit in die Zukunft gehört, das Hervorrufen ist also nicht nur Sache der Eltern oder der befehlenden Staatsmänner und Führer des geistigen Lebens, sondern es geht uns Lehrer an." Dieses Wort zur Geschichte hat Eugen Rosenstock den Geschichtslehrern zugerufen. Seine These ist, alle Geschichte ist ausgesprochene, ausgesagte Geschichte, darum kann der Historiker nicht, wie ein anderer Wissenschaftler, von Objekten ausgehen, die er beherrscht, er kann nicht von der Geschichte das abstreiten, was die Menschen, an denen sie geschehen ist und geschieht, selber über sich und sie aussagen. Denn die Historiker „sind immer schon in die Geschichte hineingeraten, die sie erforschen".

Bei beiden Männern hat auch die Geschichte *ein* Zentrum: Christus. „Die europäischen Revolutionen" von Eugen Rosenstock haben dieses zum Thema. „Ohne einen Glauben an eine uns und die Welt wandelnde Heilsgeschichte scheint mir aller Glaube tot ... Wer nicht alles ungeschehen machen will, woran der Glaube und die Hoffnung der Menschen hängt, der muß die Aufrichtung des Kreuzes in der Mitte der Geschichte akzeptieren, auch wenn sein Herz schweigt. Christus als Mitte der Geschichte wird heute eine wissenschaftliche Forderung des Verstandes. Die christliche Zeitrechnung ist eine rationale Forderung, und die Akademiker sind ohne sie unwissenschaftlich", schreibt Eugen Rosenstock. Schon 1932 finden wir bei Dietrich Bonhoeffer die Worte: „Nicht *ein* heiliger, sakraler Bezirk der Welt gehört Christus, sondern die ganze Welt." So erscheint der Weg in die neue Theologie in der einsamen Zelle hier schon vorgezeichnet, meint Visser't Hooft. Ein Rabbiner schrieb, zum erstenmal sei ihm durch Dietrich Bonhoeffer verständlich geworden, daß ein Mensch zur Anbetung der Person Jesu kommen könne. Eben las ich bei G. Susmann, Eugen Rosenstock sei – gerade aus dem Krieg 1918 als junger deutscher Offizier zurückgekehrt – bei ihnen erschienen – „aus allen Quellen deutschen und christlichen Denkens genährt. Die Begegnung wurde mir unvergeßlich, weil er zum erstenmal das in meinem Leben durch alles Gelebte, Gelesene und Gedachte verschollene Wort Gott als ein selbstverständliches wieder aussprach. Es war also möglich, daß Gott wiedergefunden und als letzte Wahrheit ausgesprochen wurde. Dies erfuhr ich zuerst durch Eugen Rosenstock, und es war eine Erfahrung, die mich überwältigte. Eugen Rosenstock war der erste, der mir dieses Wort lebendig brachte, und zwar so, daß es durchaus bejahend und mit einem lebendigen Gebet verbunden war. Sein Wort war stark und überzeugend." „Der Christus im eigenen Herzen ist schwächer als der Christus im Wort des Bruders", sagt Dietrich Bonhoeffer einmal.

Den Tatbestand eines echten Zusammenhanges der Lehre beider Männer hoffe ich herausgestellt zu haben. Hier zeigte es sich, daß Worte zu Mächten gesteigert werden müssen, falls sie umwandeln, ergreifen und bestimmen sollen. Nur dann hat das Wort Macht, wenn es seinen Sprecher sich so unterwirft, daß er selbst voll bereit wird, es in und mit seinem Leben zu bezeugen. Und so gilt auch Jeremias Gotthelfs schöner Ausspruch: „Wenn im Tode der Mund sich schließt, aus dem das Wort ergangen, bleibt frei und lebendig das Wort; über dasselbe hat der Tod keine Macht, ins Grab kann es nicht verschlossen werden, und wie man die Knechte Gottes schlagen mag in Bande und Ketten, frei bleibt das Wort Gottes, welches aus ihrem Munde gegangen."

Nachwort

Bas Leenman

Verhüllte Ferne – Ein Brief

Doorwerth, am ersten Frühlingstag 1993

Lieber Horst-Klaus!
Mit den beiden Worten „Verhüllte Ferne" und „Ein Brief" ist die Richtung dieses Beitrags sowohl abgegrenzt wie auch offen gelassen. Dem Inhalt nach abgegrenzt: Verhüllte Ferne: das dritte Jahrtausend, das sich ankündigt und sich zugleich verbirgt. Eine zweideutige Gestalt: Verheißung, wenn es gelingt, das Stöhnen des anrollenden Chaos der Sprache des Menschengeschlechts einzuverleiben; Unheil aber, wenn der Zukunft gegenüber unser Gehör nicht geübt genug, unser Herz nicht furchtlos genug, unser Blick nicht unbefangen genug ist. Denn obwohl die Zukunft uns verheißen ist, erscheint sie in einer Gestalt, die uns unheimlich ist und vor der wir schaudern. Seien wir aber von Goethe gewarnt:

> „Das Schaudern ist der Menschheit bestes Teil;
> Wie auch die Welt ihm das Gefühl verteure,
> ergriffen, fühlt er tief das Ungeheure."

Goethe warnt uns außerdem, nicht ohne weiteres die Zuverlässigkeit unseres Verstehens der Wahrheit anzunehmen:

> „Warum ist Wahrheit fern und weit?
> Birgt sich hinab in tiefste Gründe?
> Niemand versteht zur rechten Zeit!
> Wenn man zur rechten Zeit verstünde,
> so wäre Wahrheit nah und breit
> und wäre lieblich und gelinde."

Welches sind denn die Bedingungen, das kommende Jahrtausend zur rechten Zeit zu verstehen, damit es nicht zum Unheil wird? Ist das Stöhnen, das unser Ohr von der Zukunft herüber erreicht, vielleicht das wortlose Seufzen des Geistes, der aus der Mitte einer noch ungeschaffenen Generation betet für sie, die selber nicht wissen, wie sie bitten sollen um das, was ihnen nottut?

Eine erste Bedingung ist wohl, die Empfindlichkeit für die politischen Gezeiten zu pflegen, „die Fristen für alles Anliegen unter dem Himmel“, wie das Buch Prediger sie uns ans Herz legt, das Wann der Dinge, damit uns der Atem nicht ausgehe. Schon Abraham sollte wissen um die politischen Gezeiten der ihm verheißenen Zukunft:

„Wie nun die Sonne im Eingehn war,
fiel auf Abram Betäubung –
Eine Angst und große Verfinsterung fällt da auf ihn.
Und er sprach zu Abram: Erkennen sollst du, erkennen –
daß Gastsasse dein Same sein wird
in einem Land, nicht dem ihren,
dienstbar machen wird man sie und sie drücken,
ins vierhundertste Jahr.
Dann: auch der Stamm,
dem sie dienstbar sind – ich urteile ihn ab,
danach werden sie ausfahren mit großer Habe.
Du, zu deinen Vätern sollst du eingehn in Frieden
und begraben werden in gutem Greisentum.
Aber im vierten Geschlecht kehren sie hierher.
Denn noch nicht voll ist die Verfehlung des Amoriters bisher.“
(1 Mose 15,12-16)

Noch ist nicht voll die Verfehlung des Amoriters. Auch die Gezeiten des Bösen müssen sich vollenden. Sind sie notwendig? Rufen sie in den Menschen vielleicht die Bedrängnis hervor, die die Kräfte der Schöpfung mobilisiert? „Gott, der Schöpfungsprozeß selber!“ ruft Rosenstock uns zu.

„In jenen vielen Tagen geschah:
Der König von Ägypten starb.
Die Söhne Jisraels aber seufzten aus dem Dienst,
sie schrien auf,
ihr Hilferuf stieg zu Gott empor aus dem Dienst.
Gott aber hörte ihr Gestöhn,

Gott aber gedachte seines Bundes mit Abraham,
mit Jizchak und mit Jaakob,
Gott aber sah die Söhne Jisraels,
Gott erkannte."
(2Mose 2,23-25)

Es folgte dann die Berufung Moses. Was aber hat die Verfehlung des Amoriters zu tun mit der Hartherzigkeit der Ägypter? Zwei verschiedene Länder! In dem einen Land steigt die Not zur Unerträglichkeit, in dem anderen Land, davon unabhängig, das Verbrechen. Hängt alles mit allem zusammen? Ich schreibe glücklicherweise nur einen Brief und kein Buch. Darum zurück zu meinem Anfang: „Verhüllte Ferne – Ein Brief". „Verhüllte Ferne" ist mein Thema. Es legt mich fest, ob ich es zu meistern vermag oder nicht. Aber was tut jener andere Pol, der „Brief"? Nun, in der Form des Briefes wird mir ein Schutzengel beigestellt. Briefe sind weder Artikel noch Vorträge. Der Briefschreiber braucht nicht vorher zu wissen, wohin seine Sätze ihn führen werden. Freier als im Vortrag oder Artikel dürfen ihm seine Gedanken bleiben, und unter vier Augen bleiben die Worte, die er dem Papier anvertraut. Das Gesicht des Freundes, das ihm vom anderen Ende des Weges, den sein Brief zurücklegen wird, aufleuchtet, ist das einzige Fenster, wodurch das menschliche Geschlecht zusieht auf das, was er da schreibt. Wie wesentlich aber ist ihm dieses Fenster! Ohne die Gegenwart des Freundesgesichtes blieben ihm seine Gedanken unverbindliche Tagebuchgedanken. Erst im Akt des Lesens durch den Freund am anderen Ende wird aus den beschriebenen Blättern ein Brief.

Aber ein Brief in einem Buch? Briefe sind zudringlich, sie meinen als solche schon ein Recht auf eine Antwort zu haben, was hier doch fehl am Platz ist. Und nicht nur, weil es sich um ein Buch handelt; ein tieferer Grund liegt vor. Deine Antwort ist bereits da. Denn Dein Leben ist die Antwort. Du bist ein antwortender Mensch im Sinne von Rosenstocks „Respondeo etsi mutabor", das Gehorsam gebietende Wort, das oben am Eingangstor des dritten Jahrtausends steht: „Ich antworte, wenn es mich auch verwandelt." – Denn fortan leben wir nur noch unter Geschwistern. Und unter Geschwistern heißt es: „Deine Not heißt mich eine unerwartete Antwort finden, an der ich selber ein anderer Mensch werden muß."

In anderen Zeiten ist es nicht anders gewesen. Das dritte Jahrtausend liegt nicht nur vor uns. Es ist ein verheißenes Kind der christlichen Zeitrechnung, und wir werden die Wehen seiner Geburt in der ganzen Geschichte hinter uns gewahr werden, nur mit dem Unterschied, daß das, was uns damals Ausnahmen dünkten, jetzt in Gottes Regel genommen wird.

Petrus hat aus „Respondeo etsi mutabor" leben müssen, als ihm auf dem Dach des Hauses in Joppe, wo er zu Gast war, durch ein Gesicht der unerhört neue Unterschied zwischen rein und unrein ans Herz gelegt wurde. Auch Paulus stand unter dem Gebot „Respondeo etsi mutabor", als er das Gesicht in Troas sah und sich entscheiden mußte, wer da rief. Wollten Paulus und Silas doch das Evangelium nach Asien bringen! Auch ihnen war die Zukunft verhüllt. An ihren eigenen Plänen wurden sie vom Heiligen Geist gehindert. Wie wußten sie, daß es der Heilige Geist war und nicht der Satan, wie auch später, als sie mit Timotheus die Gemeinde in Thessalonich besuchen wollten? Respondeo etsi mutabor! Auch das Gesicht in Troas war nicht so eindeutig, wie es uns Lesern vorkommt. „Komm herüber nach Mazedonien und hilf uns!" „Wir schlossen daraus ..." sagt der Text. Herrliches „Wir". Das gemeinsame Hören zweier Freunde auf dem Wege hörte den Ruf Gottes aus dem Notschrei des Mazedoniers, obwohl seine Gestalt die eines Mazedoniers war und nicht die flammende Gestalt des Menschensohnes, wie Johannes auf Patmos sie sah. Heute kommt der Notschrei nicht aus dem Raum, sondern aus der Zeit, denn heute sind die menschlichen Zeiten in chaotischer Verwirrung. Alle Zeiten, je gelebt, wirbeln in der Gesellschaft durcheinander, wie auch die verschiedenen Rhythmen in ein und demselben Menschen einander chaotisch durchkreuzen: der Rhythmus der Jahrtausende der Kirche und der Seele; der Rhythmus der Jahrhunderte der modernen Staaten; der Rhythmus der Generationen in der Geschlechterfolge und der kurzatmige Rhythmus des einzelnen Tages, ja des kurzen Augenblickes in der Gesellschaft. „Kurzweil und Langeweile im Dritten Jahrtausend" ist der Untertitel von Rosenstock-Huessys Buch „Dienst auf dem Planeten" (Stuttgart 1965), worin er die Richtung für eine in friedlose Völker aufgeteilte Menschheit auf dem einen Planeten Erde weist. Planet Erde. Ist es nur ein Ausdruck, den wir der Raumfahrt verdanken, oder hat sich etwas Wichtiges in der Geschichte der Menschen ereignet, etwas, was in diesem Ausdruck hervorgehoben wird? Hat die Raumfahrt eine tiefere Bedeutung als nur Fahrt in den unbegrenzten Raum hinein? Als Jurij Gagarin, der erste Astronaut, der die Erde umkreiste (12.4.1961), wieder auf der Erde landete, antwortete er auf die Frage, was er gesehen habe: „Der Himmel war schwarz, die Erde aber blau wie eine Taube, und alles war klar zu sehen!“ Mutet solch ein Wort uns nicht an, als spreche hier aus dem Munde des Astronauten die Seele der Menschheit in einer ihrer Sternstunden?

Die Entdeckung des Atheisten Gagarin stimmt merkwürdig überein mit der Entdeckung des jungen amerikanischen Astronauten Guy Gardner 30 Jahre später. Wir sahen ihn zufällig im Fernsehen, als er interviewt wurde. Geistig beheimatet in seiner Baptist Church im Süden der Vereinigten Staaten wurde auch er nach dem gefragt, was ihn am meisten bewegt habe, als er da außerhalb der Erde war. Sein Gesicht fing an zu strahlen: „Was mich am meisten bewegt hat? – Die Entdeckung, daß Gott nicht unendlich weit weg im Schwarzen wohnt, sondern auf der blauen Erde, in meiner Dorfkirche und in meinem Haus.“ Am Vorabend des dritten Jahrtausends bezeugen der Atheist Jurij Gagarin und der Christ Guy Gardner einstimmig, daß Himmel und Erde die Plätze gewechselt haben. Es erinnert an Joseph Wittigs letztes Kapitel in seinem schönen Buch „Leben Jesu in Palästina, Schlesien und anderswo“ (Moers 1991): „Der Himmel ist offen!“ Auch dieses Buch geht über das zweite Jahrtausend hinaus. Was Rosenstock-Huessy in seiner Soziologie (im 2. Band „Die Vollzahl der Zeiten“) sagt über „Christ von Natur“ als Frucht der Heilsgeschichte, das hat Joseph Wittig in Erzählungen bezeugt.

„Soziologie“ nannte Rosenstock sein zweibändiges Werk „Die Übermacht der Räume“ und „Die Vollzahl der Zeiten“, das 1956/58 bei Kohlhammer in Stuttgart erschien. Das den „Römischen Forschungen“ von Theodor Mommsen entlehnte Motto gibt sofort die Richtung an: „Man kann auch dadurch vom rechten Weg abkommen, daß man zu lange auf dem geraden Pfad bleibt.“

In der Zeitschrift „Universitas“ (April-Ausgabe 1966) hat Dietrich Bonhoeffers Zwillingsschwester Sabine Leibholz die geistige Beziehung Bonhoeffer – Rosenstock aufgedeckt. Die neue Sprache, die Bonhoeffer um der Zukunft willen forderte, fand Sabine Leibholz bei Rosenstock, den sie 1950 als Gastprofessor in Göttingen kennenlernte und dem sie 1968 ihr Buch „Vergangen, erlebt, überwunden – Schicksale der Familie Bonhoeffer“ widmete.

Was nun ist das Geheimnis dieser „neuen“ Sprache, von der Sabine Leibholz sagt, Dietrich Bonhoeffer habe sie gesucht, sie aber selber nicht gefunden? Das Geheimnis liegt wohl in dem Titel „Soziologie", von dem Rosenstock sich wie von einem Räuber überfallen sah. Er schreibt im Vorwort (31.5.1956):

„Der erste Entwurf überfiel mich im Heeresdienst an der Front 1915, als ich die Kaisergeburtstagsrede der Truppe gehalten hatte und mir mein Kommandant hinterher sagte, ich sei doch wohl der einzige wirkliche Monarchist in unserer Truppe. In der Erregung dieser moralischen Krise wandte ich mich ‚An die Kriegsteilnehmer aller Länder' in Gedanken; der Grundriß ist in dem Briefwechsel ‚Judentum und Christentum' zwischen Franz Rosenzweig und mir (Briefe, Schocken Verlag, Berlin 1935) abgedruckt. Der jetzige Plan aber entstand zehn Jahre später auf die Bitte des Herrn Walter de Gruyter hin, der für seinen Verlag eine Soziologie in zwei Bänden bestellte. Der Schreck war diesmal fast so groß wie 1915. Denn da war er nun, der gefürchtete Name ‚Soziologie'. Mein Inneres hatte diesen Namen bis dahin in den tiefsten Winkel verbannt. Der Bann, den Heinrich von Treitschke 1858 über die Gesellschaftswissenschaft ausgesprochen hatte, war mir von allen meinen Lehrern übermittelt worden. Deutsche reden von Staat und Kirche und Gemeinschaft und Bund. Die Gesellschaft aber wurde von den seichten Französlingen oder den bösen Marxisten behandelt. Die Verketzerung war mir in Fleisch und Blut übergegangen. Meine Entwürfe waren mir niemals auch nur von weitem als Soziologie erschienen. Ich kann beschwören, daß ich vor Herrn de Gruyters Anfrage nicht gewußt habe, ich sei längst von Matrizen von Philosophie und Theologie entwachsen und laufe in den Augen der Welt als Soziologe herum. Das wurde nun mit einem Schlag anders."

Also Soziologie, die Lehre des Zusammenlebens der Menschen. Aber warum genügt nicht die Theologie, die Gotteslehre? Ist nicht des Herrn Furcht Anfang aller Erkenntnis?

Als ich von einem befreundeten Franziskaner gebeten wurde, ihm in einem einzigen Satz zu vermitteln, worum es Rosenstock ginge, hörte ich mich selbst sagen: „Alles muß noch einmal gesagt werden, jetzt vom Menschen her." War mein Spruch wahr? Nur als ein datiertes Wort, als Frucht von zwei Jahrtausenden Heilsgeschichte, als ein Wort am Vorabend des dritten Jahrtausends, wo eine Thora der Völker (denn das wäre die rechte Soziologie) uns so dringend nottut. Aber ich soll es noch genauer sagen. Weil GOTT sich wandelt, wurde es in Rosenstocks Leben Soziologie statt

Theologie. Denn wir sagen zwar, daß von Gott nicht gesprochen werden kann, ohne im selben Atem vom Menschen zu sprechen und umgekehrt, aber Gott und Mensch haben noch immer zwei verschiedene Adressen in unserem Denken. Jurij Gagarin und Guy Gardner müssen wir sprachlich noch gerecht werden. Das dritte Jahrtausend wird entdecken, daß der Geist Gottes als Sprache des Menschengeschlechts in die Biologie des Menschen hineingehört, statt als reiner Geist in einer theologischen Wissenschaft gefangen zu bleiben. Aber das wird nicht geschehen, bevor der Tod in die Mitte der Biologie des Menschen gerückt wird, wie Rudolf Ehrenberg es gefordert hat. Denn Geist verbindet die Geschlechter, und Geist wird durch Sterben wirksam. Vielleicht aber mag es uns doch schon jetzt aufgehen, warum Rosenstock-Huessys Beitrag für die Festschrift zum 40. Geburtstag Franz Rosenzweigs (1926) den Titel *Der Geist des Menschen ist der Heilige Geist* hatte. Der Geist des Menschen ist hier nicht zu verstehen als der Geist des Individuums Mensch, sondern als der Geist des Menschengeschlechts durch die Zeiten. „Götter auf Zeit" hat schon im 15. Jahrhundert Nikolaus Cusanus die Menschen genannt. Göttlich sind wir in unserem gemeinsamen Atmen durch die Zeiten. Und was ist gemeinsames Atmen anderes, als durch Sprache ein einziges Menschengeschlecht aus allen Zeiten zu erschaffen? In der Sprache wohnen Gott und Mensch zusammen und wird die neue Wahrheit der Astronauten wirksam.

So kommt der Schwester Bonhoeffers wie auch uns Rosenstocks Sprache vor als die neue Sprache, der das Niemandsland zwischen Kirche und Gesellschaft als verheißenes Land erscheint. Denn die theologische Unterscheidung zwischen Christen und Nichtchristen gilt nicht mehr in einer heilsgeschichtlichen Soziologie, ebensowenig wie die alte Unterscheidung von reinen und unreinen Tieren noch für Petrus galt, als er zum römischen Hauptmann Kornelius gerufen wurde.

Das Christentum ist eine biologische Wahrheit! hat Rosenstock immer gerufen. Wie damals das Judentum! Denn zu einer wirklichen Biologie des Menschengeschlechts gehört die geheimnisvolle Sprache, die Völker schafft und Zeiten bindet. Auch Liebe, Glaube und Hoffnung sind keine theologischen Begriffe, sondern sozialbiologische Kategorien, die kein Volk vernachlässigen kann, ohne sich zugrunde zu richten. Vom dritten Jahrtausend wird die Bekehrung des Denkens gefordert, die Bekehrung zur Schöpfung hin. Bekehrtes Denken wird die Sprache befreien von der falschen Hierarchie der Begriffe über Namen. Schöpfung und Sprache werden einander wiedererkennen und Friso Melzers einsames Wort „Die Sprache selbst ist Quelle der Erkenntnis!" wird anerkannte Wahrheit sein. Bekehrtes Denken führt zur „Fröhlichen Wissenschaft", in der Vernunft und Glaube einander begrüßen, und Mangel an Liebe, Glaube und Hoffnung zu sozialen Krankheiten führt. Schon 1921 schrieb Franz Rosenzweig „Das Büchlein vom gesunden und kranken Menschenverstand", das ebenfalls beim Menschen anfängt und Glaube und Unglaube sozial-biologisch erfaßt. Um „Die große Gesundheit" hat Nietzsche gekämpft, und rückwirkend setzt Rosenstock Nietzsche ein in sein Amt des Antichrist-unter-Christus, Nietzsche, der Cherub am Eingangstor des dritten Jahrtausends. Denn seit den beiden Weltkriegen ist Nietzsches Geist den Menschen beigesellt: der kalte Geist aus dem Wort: „Ach, daß du kalt wärest oder heiß." Nietzsche, der auf Eis sich wagt und Eisbrocken wirft: „Glattes Eis / ein Paradeis / für den, der gut zu tanzen weiß." Nietzsche, dem alles Unwahrhaftige, alles nur Fromme, alles Scheinheilige verhaßt war: „Niemand kommt in die neue Zeit, der nicht an ihm vorbeipassiert!"

Darum über ihn noch ein längeres Zitat aus Rosenstocks „Die Vollzahl der Zeiten":

„Die dritte Jahrtausendordnung der Gesellschaft hat also das Rätsel der Hohen Zeiten und des Alltags zu ergründen. Und zwar ist das Neue gegenüber alten Hohen Zeiten oder Hochzeiten eine veränderte Zeitmessung. In ein einziges Menschenleben werden heut die Wechsel von drei und vier Generationen alter Zeit hineingepreßt. Diese Vervielfältigung der Lagen macht jede Lage heut zu etwas anderem als früher. In jeden Lebenstunnel, in den wir einfahren, nehmen wir heut das Bewußtsein der Ausfahrt am anderen Ende, also der Kündigung, der Scheidung, des Abschieds mit. Die Königstochter nahm im Bären den Prinzen vorweg. Wir nehmen am Hochzeitstag die Scheidung vorweg. Das liegt daran, daß wir bei jeder Arbeitsteilung die Entlassung vorwegnehmen müssen. In der modernen Gesellschaft geht der zugrunde, der sich als nicht entlaßbar einrichtet. Wir sind alle demnächst entlassene Menschen. Die früheren Hochzeiten versagen also. Denn sie gingen immer über das eigene Leben hinaus. Wir brauchen Bräuche, die uns in kleine Lebensabschnitte so hineinfeuern, wie unsere Altvorderen in die Stammesgeschichte hineingerissen wurden. Der Leser erinnere sich des Gedächtnisses der alten Stämme. Nicht sehr ausgedehnt war es, gerade drei bis fünf Generationen sollten umeinander wissen. Das Mehr der Jahrtausende blieb belanglos. Aber das kurze Gedächtnis erhitzte die einzelnen Eingeweihten zur Weißglut der Hingabe. Was über mein Leben hinausliegt, dem kann ich mein Leben unterstellen. Der Arbeitsteilung von Montag bis Sonnabend kann ich mein Leben nicht unterstellen. Das gehört sich nicht. Es lohnt nicht. Es lohnt nur den Lohn.

Hingerissen werden ins Prinzentum und trotzdem Vorwegnahme meiner Entlassung: das sind die beiden Pole des Lebens in die Zukunft hinein. Zwischen ihnen ringt die neue Zeit.

Einer hat vorweg um sie gerungen. Niemand kommt in die neue Zeit, der nicht an ihm vorbeipassiert. Er hat offiziell von 1844-1900 gelebt, und die meisten modernen Menschen werden denken: Er hat ja nichts von dem erlebt, was wir erleben. Was wird der schon wissen? Er ist doch nicht aus Schlesien vertrieben worden, sein Haus ist nicht zerbombt, seine Eltern sind nicht in Auschwitz vergast worden.

Im dritten Jahrtausend gelten solche Einwände nicht mehr. Das dritte Jahrtausend hat die Zeiten der Menschen zu meistern, die kleinen und die hohen Zeiten. So ist die erste Bedingung der neuen Zeit, daß unsere Zeiten umkehrbar, umstimmbar werden. Deine Zeitgenossen, Leser, sind nicht deine Zeitgenossen. Aber Menschen aus anderen Zeiten leben gleichzeitig mit dir. Der Verfasser der Unzeitgemäßen Betrachtungen von 1875 ist eben deshalb, weil er damals unzeitgemäß war, unser Zeitgenosse, wenn wir uns zu ihm vorwagen. Zur Zeit sind wir ihm gegenüber noch veraltet.

Vorwegnahme des Prinzen, Vorwegnahme der Entlassung: so hat Nietzsche gelebt. Jeder Ekstase Ende hat er vorweg zugegeben und erwartet. Er hat alle seine Werke hinter sich gelassen. Und eben in dieser Kraft, sogar die höchste Begeisterung von vornherein als vorübergehend zu leben, hat er sein Prinzentum gesucht.

... Nietzsche hat sich selber aus allen Schlupfwinkeln, in denen Heimatgefühle nisten könnten, hinausgejagt, und in der Kraft, Heimaten zu gründen und aufzugeben, hat er sein Kriegerrecht gefunden. ... Das also war Nietzsches Leistung, die Abschaffung irgendeiner Raumeinteilung oder Zeitenspanne als der einzigen. Nietzsche hat sich zum Prinzen der Dynastie gemacht, welche die Räume und Zeiten unserer Arbeit und Liebe jederzeit neu verteilen wird. ... Nietzsche hat es ausgehalten, seine eigene Prinzessin zu sein. Im Märchen nimmt entweder die Prinzessin den Königssohn im Bären vorweg, oder der Prinz nimmt die Königstochter vorweg in dem Krötlein. Nietzsche mußte diese Doppelrolle auf sich nehmen, weil er alleinstand, und so ist er sein eigener Liebhaber. ‚Meine Seele, ein Saitenspiel, sang sich selber ihr Lied. Hörte ihr jemand zu?' Dieser Hochzeit ... vermaß er sich allein.

Davon wird der Mensch wahnsinnig. Es ist Nietzsches Ehre, daß er wahnsinnig wurde. ... Er zahlte für sein Braut-Bräutigamsein. Aber er hat die nächste Wiederkehr angesagt. Denn der Wiedergeburt des klassischen Altertums wird eine Wiedergeburt der Stammesmasken und Reichsarbeitssitten folgen. In Wahrheit sind wir bereits mitten drin in einer solchen vorhumanistischen und vorjüdischen, vorklassischen Wiedergeburt.

Unsere ‚Jugenden', nämlich jede junge Generation von heut ab, werden proletisch sein, das heißt ohne die Hüllen der antiken Schulwähne. Die Renaissance der antiken Weltweisheit hat im zweiten Jahrtausend alle Revolutionäre, von Papst Sylvester II. bis Lenin gefüttert. Sie waren Gymnasiasten."

Die Erziehungszentralen der drei aufeinander folgenden Jahrtausende heben sich klar voneinander ab:

„Die Klöster der Wüste haben unser erstes Jahrtausend beseligt. Sie riefen Heilige hervor.

Die Gymnasien des zweiten Jahrtausends haben alle Revolutionäre begeistert. Sogar die Päpste haben sich an der Glut der alten Texte erhitzt.

Die strenge Zucht der Lager und Fahrten des dritten Jahrtausends werden den Nihilisten der Gesellschaft durchwärmen müssen.

... Selbstvergessene Dienste in einer technisierten Gesellschaft sollten die Nihilisten keusch erhalten. ... Die Lager der Seelen müssen die Seelen schuhriegeln" (aus dem Kapitel „Wiederverhüllung").

Ich muß gestehen, daß ich nicht ohne Furcht dem dritten Jahrtausend entgegenlebe. Nicht deswegen, weil ich bedenke, was es uns an Blut und Tränen kosten mag. Jene Perioden werden dem christlichen Zeitgesetz der Beschleunigung unterliegen. Wir leben ja nicht mehr in den endlos langen vorchristlichen Fristen, die den „Verfehlungen des Amoriters" gewährt wurden. Das langsame Kreisen der Zeiten, deren Rhythmen Reichen wie China und

Japan bis in unser Jahrtausend hinein noch vertraut waren, wird immer weiter von einer fortschrittlichen Geschichte zurückgedrängt. Als Kirchengeschichte angefangen, revolutionierte sie als Universalgeschichte immer weitere Gebiete des Lebens. Seit Christus sind die Zeiten der Beschleunigung unterworfen. Denn das christliche Zeitalter schuf die Bedingungen für die Geburt der Wissenschaft, und die Wissenschaft treibt die Zeiten an. Dauernd sich selbst überholen wurde das Schicksal der Zeit. Immer kürzer werden die Fristen „für alles Anliegen unter dem Himmel". „Tief innen ist jeder Mensch prophetisch", hat Ricarda Huch gesagt, und so gibt es Seelen, die die Frist eines notwendig gewordenen Übels wittern und sie der Sprache als Denkmal anvertrauen. 1919 warnte Rosenstock, Deutschland müsse noch durch eine Periode eines Lügenkaisers hindurch, und 1933 sagte er den neuen Nazibeamten, die ihm seine Papiere für Amerika überreichten und selber noch staunten über ihre neue Machtfülle, daß sie in zwölf Jahren vernichten würden, was ihre Väter in 400 Jahren gebaut hatten. So hat Hans Ehrenberg 1917 das siebzigjährige Exil der Kirche in Rußland in seiner Seele gewußt und vorhergesagt. Die gläubige Seele versteht die politischen Fristen weit tiefer als mancher sachverständige Politiker oder manche sachverständige Politikerin. Denn Politik ist nicht eine Sache, sondern das Wissen um das Walten jener Urkräfte Glaube, Liebe und Hoffnung.

Der einsichtsvollste Politiker in der Schweiz zu seiner Zeit (15. Jahrhundert) war ein Einsiedler: Nikolaus von der Flüe. Die Ehre des Kreisauer Kreises ist es, daß Helmuth von Moltke und seine Freunde die Hitlerzeit durchschaut haben als ein Intermezzo in der wirklichen Geschichte, sagt Rosenstock.

Darum sind es nicht zunächst die Fristen des Bösen, was mir die Furcht vor dem dritten Jahrtausend, die ich in mir spüre, einflößt. Nein, es ist vor allem die Furcht vor dem eigenen Versagen in dem „Respondeo etsi mutabor", in der Wandlungsfähigkeit, die jene Endzeit, die wir „das dritte Jahrtausend" nennen, von uns fordert.

Nietzsche hat sich selber aus allen Schlupfwinkeln, in denen Heimatgefühle nisten könnten, hinausgejagt. Aber können wir denn ohne Heimat leben? Wo sind wir denn beheimatet? 1954 schrieb Rosenstock den Beitrag „Die Heimkehr der Gesellschaft" für eine Unesco-Konferenz über Erwachsenenbildung in Hamburg. Sein Beitrag handelte über den allgemeinen Verlust an heimatlichem Leben. Verwandelt die Gesellschaft uns nicht alle in geistige Asylanten? Das letzte Wort jenes Beitrages war: „Und so ruft die Gesellschaft, dieses Gleichnis unserer unaufhörlichen Verwandlung, nach echten Erwachsenen, die, trotz des stetigen Wechsels ihrer Rolle, ihre Heimat in sich tragen."

Die Heimaten des zweiten Jahrtausends genügen dem dritten Jahrtausend nicht. Was soll man da mit einer Heimat der Erinnerung? Im dritten Jahrtausend tut eine Heimat einer immer neuen Erwartung not. Kein Volk weiß mehr davon als Israel, das nach 2000 Jahren gehegter Erwartung in das Land der Hoffnung eingewandert ist.

Ich fand das folgende Gedicht bei Nelly Sachs:

„Land Israel,
deine Weite, ausgemessen einst
von deinen, den Horizont übersteigenden Heiligen.
Deine Morgenluft besprochen von den Erstlingen Gottes,
deine Berge, deine Büsche
aufgegangen in Flammenatem
des furchtbar nahegerückten Geheimnisses.

Land Israel,
nun wo dein vom Sterben angebranntes Volk
einzieht in deine Täler
und alle Echos den Erzvätersegen rufen
für die Rückkehrer,
ihnen kündend, wo im schattenlosen Licht
Elia mit dem Landmanne ging zusammen am Pfluge,
der Ysop im Garten wuchs
und schon an der Mauer des Paradieses –
wo die schmale Gasse gelaufen zwischen Hier und Dort
da, wo Er gab und nahm als Nachbar
und der Tod keines Erntewagens bedurfte.

Land Israel,
nun wo dein Volk
aus den Weltenecken verweint heimkommt
um die Psalmen Davids neu zu schreiben in deinen Sand
und das Feierabendwort VOLLBRACHT
am Abend seiner Ernte singt –

steht vielleicht schon eine neue Ruth
in Armut ihre Lese haltend
am Scheideweg ihrer Wanderschaft."

Es bewegt mich tief. Eine Heimat, die ruht in der Sprache und die so lange da ist, wie die Worte gesungen und gebetet werden. Dies ist die Heimat, die das dritte Jahrtausend uns verheißt und zu suchen gebietet!

Vor sieben Jahren fanden jüdische Archäologen in einer alten Höhle in der Nähe der schottischen Kirche in Jerusalem zwei kleine Silberplatten von noch nicht zehn Zentimeter Länge, in denen graviert war der hohepriesterliche Segen, wie wir ihn in der Bibel finden in 4Mose 6,24-26. Die Platten sind aus dem 7. Jahrhundert vor Christus, noch aus der Zeit des ersten Tempels, des Tempels Salomos, und aus dem Jahrhundert des guten Königs Josia, von dem in 2Könige 23 gesagt wird: „Nicht war vor ihm ein König seinesgleichen, der so umkehrte zu IHM mit all seinem Herzen, mit all seiner Seele, mit all seiner Macht, allgleich der Weisung Mosches, und nach ihm ist nicht seinesgleichen erstanden." König Josia mag zu diesen alten Silberplatten hinaufgeblickt haben jedesmal, wenn der Hohepriester Hilkia auf ihn und das Volk den Segen legte.

Mit dem Segen von diesen alten Silberplatten für Dich und für Irmela möchte ich diesen Brief beenden. Mit Absicht entnehme ich die Segensworte dem Text auf den Platten und nicht dem Bibeltext, obwohl beide Texte genau miteinander übereinstimmen. Weshalb denn die Platten bevorzugt vor der Bibel? Nur wegen des ganz anderen Weges, über den sie zu uns kommen, und weil dieser Weg das Thema dieses Briefes berührt. Im dritten Jahrtausend wird das Denken unter der Überschrift „Rätsel der Wissenschaft" immer mehr auf Geheimnisse der Schöpfung stoßen, aber durch das Dunkel der Sprachlosigkeit hindurch.

Die Silberplatten waren für die jüdischen Gelehrten der Fund ihres Lebens. Ein Gruß aus der Geschichte. Seien sie uns vor allem ein Gruß aus der Zukunft, bestellt durch die Hand der archäologischen Wissenschaft, eine Ermutigung, in jenes Dunkel der Generationen-ohne-Sprache tapfer einzutreten und dort die Sprache täglich neu zu erwarten aus dem gläubig gesprochenen „Respondeo etsi mutabor".

Der Herr segne und behüte dich;
der Herr lasse sein Angesicht leuchten über dir
und sei dir gnädig;
der Herr hebe sein Angesicht über dich
und gebe dir Frieden.

Dein Bas Leenman

Peter Zimmerling

Gott in Gemeinschaft

Zinzendorfs Trinitätslehre

384 Seiten. TVG-Monographien und Studienbücher
Best.-Nr. 3-7655-9370-2

Diese Arbeit ist die erste gründliche und umfassende Darstellung der Trinitätslehre Zinzendorfs. Ich habe mich gefreut, daß ich der erste Leser dieser Arbeit sein konnte. Ich habe von dieser Arbeit viel gelernt und werde noch oft auf sie zurückkommen.

Prof. Dr. Jürgen Moltmann

Es geht Peter Zimmerling nicht nur darum, zu zeigen, wie Zinzendorf die orthodoxe Lehre von der Trinität aufgenommen und selbständig für die Brüdergemeine durchdacht und bearbeitet hat. Er stellt sie auch in die gegenwärtige Diskussion um Wiedergewinnung und Neuformulierung der Trinitätslehre in der systematischen Theologie.

Dabei tun sich völlig neue Horizonte auf. Prof. Dr. Erich Beyreuter schreibt in seinem Nachwort:

Ein so vollmächtiger Christuszeuge von funkelndem Geist, ein Querdenker von Format, der ganz in seiner Zeit stand und ihre Anfechtungen selbst erlitt, kann einfach nicht übersehen werden.

Zinzendorfs Erkenntnisse hatten Auswirkungen bis in die praktische Lebensgestaltung der Brüdergemeine: Herkömmliche Lebensformen wurden in geradezu revolutionärer Weise umgestaltet, Standesschranken relativiert, pädagogische Grundsätze neu formuliert, und die Frau wurde aus ihrer jahrhundertelangen Unmündigkeit und zur Mitarbeit in der Gemeinde befreit.

Klaus Bockmühl

Hören auf den Gott, der redet

112 Seiten. ABCteam-Paperback. 2. Auflage
Best.-Nr. 3-7655-2453-0

Hören auf Gott: Klaus Bockmühl läst uns teilnehmen an den Erfahrungen bedeutender Persönlichkeiten aus Bibel, Kirchengeschichte und Neuzeit. Die apostolische Zeit mit ihren atemberaubenden Geschichten göttlicher Führung tritt uns ebenso vor Augen wie manche Irrwege und Mißdeutungen des göttlichen Willens in der späteren Kirchengeschichte.

Das letzte Kapitel zieht Konsequenzen aus diesen vielfältigen Zeugnissen über Gottes Reden. Es zeigt auf, was dem Hören auf Gott im Weg steht, weist auf Form und Inhalt des Hörens hin, deckt Irrwege auf und ermutigt, ganz neu auf Gott zu hören.

Klaus Bockmühl hat dieses Buch wenige Wochen vor seinem Tod abgeschlossen. Es ist sein Vermächtnis an die christliche Gemeinde und ein „Erbauungsbuch“ im besten Sinne des Wortes.

BRUNNEN VERLAG GIESSEN

Friso Melzer

Die Sprache der Rose

Zeugnisse und Studien aus fünfzig Jahren

(Herausgegeben von Horst-Klaus Hofmann

140 Seiten. ABCteam-Paperback
Best.-Nr. 3-7655-2488-3

Friso Melzer: Eine Auswahl seiner Erzählungen und Essays, Gedichte und Betrachtungen, Aphorismen und Erlebnisskizzen. Horst-Klaus Hofmann und Cornelia Geister haben sie ausgesucht und zusammengestellt. Es sind die Themen:

– Vom sinnerfüllten Leben
– Vom Beten
– Meditation
– Zwischen Diesseits und Jenseits
– Aus schwerer Zeit
– Begegnungen
– Von der Nachfolge

Hier spricht, denkt, betet ein Mensch, der sich in seinem Denken, Handeln und Reden dem Glauben an den Gott der Bibel verpflichtet weiß. Die Beiträge sind in ihrer Verschiedenartigkeit nicht nur eine interessante Materialsammlung. Der Leser lernt auch den Menschen Friso Melzer kennen: den Pfarrer und Lehrer, den Sprachdenker und Indienkundigen. Seine Auseinandersetzung mit östlicher Religiosität stößt gerade heute auf besonderes Interesse.